수백만 수천만
가치를 지닌

숫자 0의 진짜 이야기

루카 노벨리 지음 | 이승수 옮김

샨수리

상수리 출판사

상수리나무는 가뭄이 들수록 더 깊게 뿌리를 내리고
당당하게 서서 더욱 풍성한 열매를 맺습니다.
숲의 지배자인 상수리나무는 참나뭇과에 속하고, 꿀밤나무라 불리기도 합니다.
성경에 아브라함이 세 명의 천사를 만나는 곳도 상수리나무 앞이지요.
이런 상수리나무의 강인한 생명력과 특별한 능력을 귀히 여겨
출판사 이름을 '상수리'라고 했습니다.
우리 어린이들에게 상수리나무의 기상과 생명력을 키우는
좋은 책을 계속 만들어 가겠습니다.

"공간, 시간, 우주는 어려서부터 관심을 갖게 되는 것들이다."
− 알베르트 아인슈타인 −

어린이 STEAM 시리즈를 내놓으며

TV 속 상상이 현실이 될 미래 사회에서 꼭 필요한 STEAM 교육

스팀(STEAM)은 과학(Science), 기술(Technology), 공학(Engineering), 예술(Arts), 수학(Mathematics)이라는 알파벳 첫 글자를 따서 만든 말입니다. STEAM은 단순한 지식 교육에만 몰두하고 창의적 사고가 부족했던 기존의 교육법을 개선하려고 미국에서 고안해낸 새로운 교육 방법입니다.

사실 STEAM 교육은 몇몇 교육 선진국에서 STEM에 인문·예술(Arts) 영역 부분을 통합해 가르친 방식이었습니다. 다양한 문제 상황을 해결하기 위해서는 창의적·과학적 관점과 더불어 인문·예술적 시각도 필요하기 때문이지요. STEAM 교육 활동은 학습에 대한 흥미를 높여 지적 만족감, 성취감을 갖게 하여 학습자 스스로 자기주도학습을 할 수 있도록 이끕니다.

정보 통신 기술이 급속도로 발달하면서 4차 산업 혁명이라는 말이 자주 오르내리고 있습니다. 4차 산업 혁명에 관해 잘 모른다 해도 빅데이터, 인공지능(AI), 사물인터넷(IoT), 증강현실(AR), 가상현실(VR) 등의 말은 종종 들어봤을 겁니다. 4차 산업은 고도의 창의적 사고와 융합적 관점을 요구합니다. 여러 가지 상황에서 부딪힐 수 있는 문제들을 해결하려면 조각난 지식을 한데 묶을 줄 알아야 하고, 다양한 관점에서 접근할 수 있어야 하지요.

어떤 문제를 창의·융합적으로 생각하고 다양한 분야에서 접근할 줄 아는 능력은 짧은 시간에 만들어지지 않습니다. 그렇다고 이것저것 아무런 고민없이 만든 지식들을 쉽게 받아들여서도 안 됩니다. 한번 자리잡힌 사고 방식은 쉽

게 바뀌지 않기 때문입니다.

「어린이 STEAM 창의·융합 시리즈」는 창의력과 융합적 사고를 시작해야 하는 어린이를 위해 기획되었습니다. 과학, 수학뿐만 아니라 사회 이슈, 인문학까지 폭넓게 다루되 꼭 필요한 정보만을 엄선하였습니다. 개별 교과서에서는 경험할 수 없는 주제와 내용을 엮어 어린이들이 다양한 사고력을 두루 접할 수 있도록 하였습니다.

일찍이 STEAM 교육을 실시했던 유럽에서 검증된 콘텐츠를 바탕으로 우리나라 교육 현장에 걸맞게 보강하는 작업을 했습니다. 어린이의 수준과 습득 능력을 고려하여 지나치게 복잡한 내용은 단순화하고, 중요한 포인트만 짚었습니다. 직관적인 이야기와 귀여운 일러스트를 따라 페이지를 넘기다 보면 큰 흐름을 꽉 잡게 될 것입니다.

「어린이 STEAM 창의·융합 시리즈」는 과학인지 수학인지 경계가 모호할 수 있습니다! 교과서처럼 특정 분야에 한정하지 않고 다양한 시각에서 살펴보고 통합적 감각을 기르게 되었다면 이 책의 가치는 충분히 발휘된 것입니다. 이 시리즈면 미래 산업에 필요한 인재가 되는 기초적인 소양을 키워 통합·융합적으로 세상을 바라보는 눈도 갖게 될 것입니다.

편집부

차례

이 책에 무엇이 있을까? _ 10

1장 아무것도 없는 세상

마법의 숫자 0 _ 16
하나, 둘, 그다음은? _ 20
수메르 사람들은 어떻게 수를 셌을까? _ 24

2장 불쑥불쑥 숫자의 탄생

고대 문명이 만든 숫자들 _ 30
0을 사용했던 마야 사람들 _ 34
알파벳을 숫자로 사용한 그리스 사람들 _ 38
편리한 계산법은 없을까? _ 42

3장 1, 2, 3 다음에 나타난 숫자 0

놀라운 발명, 0의 탄생 _ 48
아랍 상인들, 0을 사용하다! _ 52

4장 아라비아 숫자는 안 돼!
0이 무서워! _ 58
숫자 전쟁 _ 62

5장 무한한 힘을 지닌 숫자 0
0을 기준으로 _ 68
빅뱅과 0의 관계 _ 72
0이 끝없이 이어진다면? _ 76

창의력은 더하고 문제해결력은 곱하는 STEAM 읽기

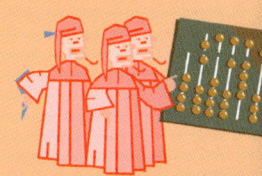

1. 자연 속에서 찾는 수학의 원리 _ 84
2. 1부터 100까지 모두 더하면? 가우스의 덧셈! _ 88
3. 수를 사용하는 암호 세계 _ 90
4. 숫자로 즐기는 게임, 숫자 퍼즐 _ 94
5. 생활 속에 파고든 십이진법 _ 96

0은 3, 7, 9와 같이 숫자로 보여도 조금 더 특별합니다.
숫자들에게 공로상을 준다면, 가장 큰 상은 0에게
돌아갈 거예요.
0이 없으면 세상이 돌아가지 않을 테니까요!
왜 그런지 0 아저씨가 그 이유를 설명해 줄 거예요.

이 책에 무엇이 있을까?

나는, 아무것도 없는, 아무것도 아닌 아저씨, 이름 없는 박사, 완전히 텅 빈, 수의 마지막이죠!

지식 플러스 톡톡 루카 파치올리(1445~1517년)

오른쪽 그림은 이탈리아 화가 야코포 데 바르바리가 1495년에 완성한 '파치올리의 초상'이에요. 현재 이탈리아의 카포디몬테 미술관에 있어요. 이 그림은 파치올리가 젊은 제자(귀도발도 다 몬테펠트로 공작)에게 기하학(도형에 관해 공부하는 학문)을 가르치고 있는 모습이에요.

이탈리아의 산 세폴크로에서 태어난 루카 파치올리는 화가이자 수학자였던 피에로 델라 프란체스카의 제자였어요. 프란체스카는 수학의 원리를 이용하여 원근법을 개척하였어요. 이러한 스승의 가르침과 여행 덕분에 파치올리는 수학의 세계에 빠질 수 있었지요. 특히 아라비아 지역을 여행하면서 유럽보다 앞선 그곳의 수학을 익히기도 하였어요.

활발하게 물건을 사고파는 일이 일어나자 한편 이탈리아 상인들은 돈과 관련된 계산 원리가 필요해졌어요. 1494년에 루카 파치올리는 상인들을 위한 수학 교과서인 '총람'을 만들었답니다.

아무것도 없는 것에서 시작되는

아무것도 없는 곳

1장

아무것도 없는 세상

마법의 숫자 0
하나, 둘, 그다음은?
수메르 사람들은 어떻게 수를 썼을까?

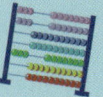

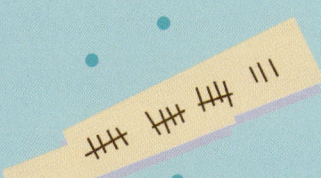

마법의 숫자 0

수와 숫자 | 수는 개수, 순서, 셀 수 있는 물체의 크기 등의 값을 말해요. 그런 수를 기호로 나타낸 것을 숫자라고 하지요.

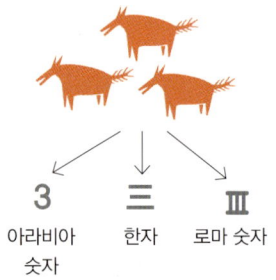

나는 0이에요. 나는 말할 수도 없고 그림으로 그릴 수도 없어요. 아무것도 없는 것이라면 아무 일도 할 수 없는 거니까요.

모두들 안녕!

하지만 내겐 엄청나게 놀라운 과거가 있어요. 물론 미래도 있지요. 그래서 이제 제모습을 갖추고 말을 사용해 친구 여러분에게 모두 알려줄 거예요. 내가 어떻게 '아무것도 없는 것'에서 무언가가 되고, **숫자**로 나타나고, 초능력을 지닌 수, 아니 모든 **수** 가운데 가장 힘이 센 위대한 수가 되었는지 이야기해 주려고 해요.

너 뭐 했니?

사실 나는 0이 되기 전에 하나의 생각에 지나지 않았어요. 친구들도 한 번 이런 생각을 해 본 적 있을 거예요.

아무것도 안했어요.

무게 추가 없다면 저울 위에는 아무것도 없는 거예요.

0(영) | 처음에 0은 빈자리를 채우기 위한 기호였어요. 6세기 말에는 '아무것도 없음'을 나타내는 하나의 '수'가 되었지요. '비어 있음' 또는 '가벼운 서풍'을 의미하는 아랍어 '쉬프르(sifr)', '제피어(zephir)'에서 유래했어요.

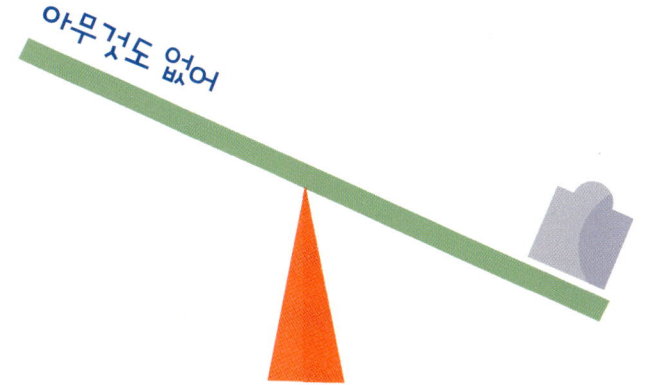

주머니에 아무것도 없다면 돈도 없을 테고요. 아무것도 배 속에 없다면 먹지 않은 거지요.

아무것도 머릿속에 없다면 공부하지 않았던 거예요. 아무것도!

'아무것도 없는' 상태로 나는 예전부터 있었어요. 하지만 하늘과 땅이 만들어지기 전에도, **빅뱅** 전에도, 세상 모든 것이 생겨나기도 전에 나는 이미 있었어요.

빅뱅 | 아주 오래전에 우주가 대폭발을 한 뒤 계속해서 크기가 커지고 있다는 것을 가리켜요.

우로보로스 | 고대 그리스 신화에 등장하는 것으로 '꼬리를 삼키는 자'라는 뜻을 지니고 있어요. 동그란 모습을 하고 있는데 이는 시작이 곧 끝이라는 의미를 담고 있어요.

은하계 | 은하는 우주에 구름 띠 모양으로 길게 분포되어 있는 별, 행성 등을 말해요. 은하계는 은하들이 모인 걸 가리켜요.

인류 | 인류는 사람을 동물과 구별해서 가리키는 말이에요. 두 발로 걸어다니고, 불과 도구를 사용할 줄 알아요. 말을 사용하여 생각이나 지식을 서로 함께 나눌 수 있지요. 오늘날 우리가 곧 '인류'예요.

어느 고대 민족은 우주를 커다란 뱀이라고 생각했어요. 자신의 꼬리를 물고 있는 거대한 O 모양을 한 뱀 말이에요. 이 무서운 뱀-우주를 '우로보로스'라고 불렀어요.

친구들도 알겠지만, 우주의 정확한 뜻은 '세상에 있는 모든 것'이에요. 은하계와 별 또는 행성, 모든 물체, 모든 사물, 모든 사람, 모든 것이 우주 일부랍니다.

우주는 세상에 있는 모든 것을 그 안에 담고 있기 때문에 '우주 너머'와 '우주 밖'에는 오직 나밖에 없어요. '아무것도 없는' 상태만 있는 거지요.

물론 지구에 인류가 나타나기 전에도 나, '아무것도 없는 것'은 있었어요. 난 아무것도 하지 않았고, 아무것에도 쓸모가 없었고, 아무것도 생각하지 않았어요.

그러다가 인류가 나타났답니다.

아무것도 없어

하나, 둘, 그다음은?

수렵 채집 시대 | 수렵은 동물을 잡아먹는 것을 말하고, 채집은 보리나 쌀과 같은 식물을 모으는 일을 말해요. 농사를 지을 줄 몰랐던 옛날 사람들은 먹을 것을 찾아 돌아다녔어요. 옛날 사람들은 오랜 시간을 이렇게 살았어요.

몇백 년, 몇천 년 동안 인류는 나 없이 지냈어요. 아니, 여러분 조상은 날 상상조차 못 했어요. **수렵 채집 시대**에 살았던 사람들은 사냥터에서 아무것도 없는 빈손으로 부족의 품에 돌아가서는 안 되었어요.

인류가 수 세기를 시작했을 때도 그들은 나 없이 생활했어요. 나는 의미가 없었지요.

인류는 사람과 늑대, 멧돼지, 토끼의 수를 셌어요. 수를 센 후 얼마나 세었는지 이름을 붙였어요.
3만 년 전에 살았던 어떤 인류는 뼛조각이나 나무 조각 위에 빗금을 새겨 수를 셌어요. 3 이상을 세는 데 몇백만 년이나 걸렸지만 결국은 해냈어요.

지식플러스톡톡 옛날에 사람들은 수를 어떻게 셌을까?

숫자가 없고, 수에 관한 생각을 하지 못했던 옛날 사람들은 '일대일 짝짓기'로 수를 셌어요. 예를 들어 양 한 마리와 돌멩이 한 개를 연결해서 세는 방법이지요. 양 다섯 마리와 돌멩이 다섯 개가 일대일로 짝이 맞으면 다섯 마리가 있다고 생각했어요.

동물 뼈에 눈금을 새겨 물건을 세는 경우도 있었어요. 사진은 벨기에 사람인 장 드 브라우코르가 1960년에 콩고에서 발견한 '이상고 뼈'예요. 뼈에 표시한 것은 수를 나타내는 것으로, 약 2만 년 전에 만들어진 것으로 생각하고 있어요.

어떤 원시인들은 손가락이나 자신의 몸 일부를 수와 연관시켜 생각했어요. 가령 손가락을 이용하면 1부터 10까지 수를 셀 수 있었어요. 심지어 눈, 코, 귀, 팔꿈치 등 신체를 활용하면 10을 넘는 수도 셀 수 있었지요.

이상고 뼈 (왕립 벨기에 자연 과학 학술원)

손가락셈 | 손가락셈은 손가락을 꼽아 수를 세거나 셈하는 것을 가리켜요. 인류가 수에 관해 생각할 무렵부터 사용한 것으로 짐작하고 있어요. 10개의 손가락은 우리가 흔히 사용하는 계산 방법 가운데 하나이며 1부터 10까지 수의 기원이에요.

인류는 **손가락**으로 수를 세면서 자연스럽게 10까지 셀 수 있었어요. 그 이상의 수는 10을 여러 번 되풀이하는 방법으로 세었지요. 그래도 여전히 내가 필요하진 않았어요. 그러다가 두 강 사이에 살던 어떤 민족이 나에 관해 알게 되었어요!

손의 윤곽화

지식 플러스 톡톡 · 메소포타미아 문명과 수메르 사람들

메소포타미아는 오늘날 이라크 지역을 가리키는 말이에요. 옛날 그리스 말로 '두 강 사이'라는 뜻으로, 고대 문명의 발상지 가운데 하나예요. 메소포타미아 지역은 유프라테스 강과 티그리스 강이 흐르고 있는데 땅에 영양분이 많아 농산물이 풍부한 곳이었어요. 그러한 까닭에 약 8000년 전부터 사람들이 이곳에 모여 살기 시작했어요.

메소포타미아 문명은 수메르 사람들이 만든 생활 양식을 토대로 발전하기 시작했어요. 그 뒤를 아카드 사람들, 아무르 사람들이 이어갔지요. 한편, 이 지역은 주변에 산지가 없어서 외부의 침입이 잦았어요. 그래서 크고 작은 나라들이 여기저기 나타나거나 없어지기도 했어요.

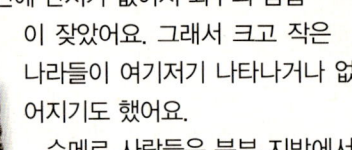

메소포타미아 지역

수메르 사람들은 북부 지방에서 농사를 짓는 방법을 배워 내려온 농부들이었어요. 해마다 봄이 되면 땅에 씨를 뿌린 뒤에 탐무즈를 위한 제사를 지냈어요. 탐무즈는 성장의 신으로 강력한 남자의 힘을 지녔거든요. 수메르 사람들이 발명했던 글자에는 강, 제방(강물이 넘치는 것을 막는 시설), 저수지(농사 짓기 위한 물을 모아두는 시설) 등에 관련된 것이 많아요.

에안나툼의 독수리 석비(수메르 사람들이 세운 라가시 왕조)

수메르 사람들은 어떻게 수를 셨을까?

주판 | 주판은 '수판'이라고도 불리는데 계산을 돕는 계산기였어요. 주판은 고대 바빌로니아에서 처음 만들어졌어요. 평평한 판에 선을 그은 뒤 조약돌을 올리고 움직이며 사용했지요.

수메르 사람들은 점토판 위에 글자를 새겨 60 곱하기 60까지 수를 셌어요. 그러기 위해 많은 수에 이름을 붙이고 기호를 만들었어요.

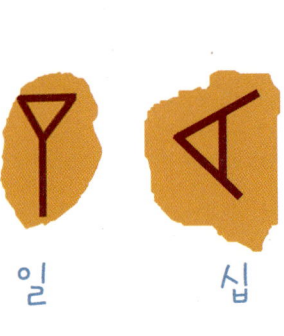

일   십   육십일

이렇게 기호로 계산을 하려면 상당히 어려웠어요. 그래서 그들은 더하고 빼고 나누고 곱하기 위한 도구 즉, 모든 컴퓨터의 조상인 **주판**을 만들어냈어요.

최초의 주판은 홈에 패인 점토판으로 만들어졌어요. 홈에 수를 세는 주판알을 끼워 넣었어요. 홈이 다 차면 비워내고 옆에 있는 홈에 주판알을 집어넣는 방식이었어요.

수메르 사람들은 각 홈에 있는 알을 세는데 문제가 없었지만, 홈에 아무것도 없을 때가 문제였어요. "알이 없는 것"은 어떻게 나타내지? 바로 이것이 수메르 사람들이 사용했던 기호였어요. 나와 전혀 닮지 않았지만, 나! 영(0)이에요. 역사상 처음으로 나, '아무것도 없는' 아저씨가 사람들에게 그 모습을 나타냈어요.

지식플러스 톡톡 수메르 사람들의 숫자

고대 바빌로니아 왕국을 세운 수메르 사람들은 젖은 점토판에 갈대나 뾰족한 도구를 사용하여 글자를 새겼어요. 기록된 점토는 햇빛이나 불에 구워 단단하게 만들었지요. 이러한 글자를 '쐐기 문자'라고 해요. 1부터 60까지를 하나의 묶음으로 세는 '육십진법'을 사용하였어요. 육십진법을 사용한 이유는 정확히 알 수 없지만, 아라비아 지역을 통해 유럽까지 퍼졌고 16세기까지 천문학이나 수학에서 사용되었어요.

1	11	21	31	41	51
2	12	22	32	42	52
3	13	23	33	43	53
4	14	24	34	44	54
5	15	25	35	45	55
6	16	26	36	46	56
7	17	27	37	47	57
8	18	28	38	48	58
9	19	29	39	49	59
10	20	30	40	50	

고대 바빌로니아 숫자

나를 '수'라고 생각하지 않았어.

수메르 사람들은 날 중요하게 생각하지 않았어요. 결국 난 텅 빈 항아리, 의미가 없는 것이었지요. 수메르 사람들은 친구들처럼 손이 두 개이고, 열 손가락을 지녔는데도 오늘날처럼 십 단위로 수를 세는 대신 계속 육십 단위로 수를 셌어요.

하지만 그건 이상한 일이 아니었어요. 어떤 민족은 오십 단위로, 또다른 민족은 이십 단위로 수를 셌으니까요. 달걀을 이십 단위로 세는 사람이 아직도 있답니다.

12개 1묶음

지식 플러스 톡톡 수를 세는 법 : 진법

수를 셀 때 기본이 되는 묶음 단위를 기본수라고 해요. 달걀을 셀 때 10개씩 묶어서 세면 10을 기본수로 하는 거지요. 우리가 가장 흔히 사용하는 방법인데 이를 '십진법'이라고 해요. 십진법은 0, 1, 2, …, 9까지 쓰고 한 묶음이 채워지면 한 자리씩 자리를 올려주는 방법이에요.
십진법 이외에도 이진법, 오진법, 십이진법, 육십진법 등이 있어요. 모두 오랜 시간 동안 사람들이 사용해 왔던 것들이지요.

친구들은 분명 십 단위로 수를 셀 거예요. 하지만 시간을 재거나 읽을 때는? 아주 익숙해서 눈치채지 못하겠지만, 친구들은 3000년 전 수메르 사람들이 발명했던 계산법을 사용하고 있어요. 육십진법 말이지요. 1시간은? 60분! 1분은? 60초! 이런 식으로 말이죠.

수메르 사람들이 그랬듯 시간을 말할 때 여러분은 0에 관해 잊고 있을 거예요.

"12시에 보자" 혹은 "정오에 봐", "자정에 보자"라고 말하지만, "0시에 보자"라고는 말하지 않아요.

새로운 날 그리고 오후가 나, 0으로부터 시작되는데도 말이에요.

바벨탑 | 구약 성경책에 고대 바빌로니아 사람들이 만들었다고 기록된 탑을 말해요. 실제로도 만들어졌다고 해요. 아래 사진은 대 피테르 브뤼헐이라는 네덜란드 화가가 그린 '바벨탑'이에요.

정오, 자정 | 선조들은 오전 11시부터 오후 1시를 '오시'라고, 밤 11시부터 밤 1시를 '자시'라고 했어요. '한가운데'라는 의미로 '정(正)'을 붙여 낮 12시를 '정오', 밤 12시를 '자정'이라고 부르지요.

2장
불쑥불쑥 숫자의 탄생

고대 문명이 만든 숫자들
0을 사용했던 마야 사람들
알파벳을 숫자로 사용한 그리스 사람들
편리한 계산법은 없을까?

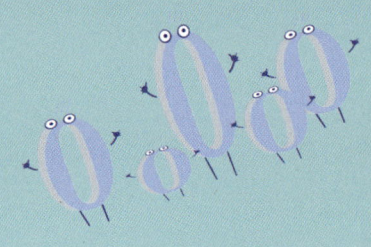

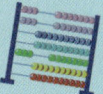

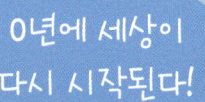

고대 문명이 만든 숫자들

파라오 | 고대 이집트를 다스렸던 지도자를 말해요.

나는 특별히 할 일이 없어서 바벨탑 뒤에 숨어 지냈어요. 나는 '없는 것'이었으니까요. 없는 것으로 계속 남아 있었어요.

고대 이집트 시대에도 상황은 바뀌지 않았어요. **파라오** 왕국에서는 내가 아예 없었어요. 10을 쓰기 위해 이집트 사람들은 특별한 기호를 사용했거든요. 만약 80을 쓰려면 그 기호를 여덟 번이나 되풀이하며 써야 했어요.

왼쪽에 있는 기호들은 상형문자. 이집트 사람들이 사용했던 그림 글자예요. 10은 '발뒤꿈치' 모양이고, 100은 '밧줄 한 다발' 모양이에요. 1부터 9까지 수는 단순히 기다란 막대기 모양으로 나타냈어요. 이집트 사람이 123을 쓰려면 밧줄 한 다발과 발뒤꿈치 두 개, 막대기 세 개가 필요했지요.

숫자를 그리는 건 무척 복잡했어요. 더하기와 빼기는 얼마나 복잡했을까요?

지식플러스 톡톡 고대 이집트 숫자

고대 이집트 사람들은 많은 기록을 남겼어요. 그들의 정성 덕분에 숫자의 사용 시기를 알 수 있게 되었지요. 이집트의 수학자였던 아메스가 기록한 '린드 파피루스'가 발견되자 고대 이집트 사람들의 수학을 엿볼 수 있었어요.

린드 파피루스

막대기 모양	발뒤꿈치 모양	감긴 밧줄 모양	연꽃 모양	손가락 모양	개구리 모양	신을 경배하는 모습 또는 놀란 사람
1	10	100	1,000	10,000	100,000	1,000,000

고대 이집트 숫자

중국 사람 | 고대 중국인들도 수를 숫자로 표현했어요. 점을 보기 위해 사용됐던 가는 막대기들로 계산했지요. 영은 중국에서 1,000년 전에 나타났어요.

4000년 전 **중국 사람**들도 수를 나타낼 기호를 생각했어요. 작대기를 서로 합치거나 눕혀서 수를 표시했지요.

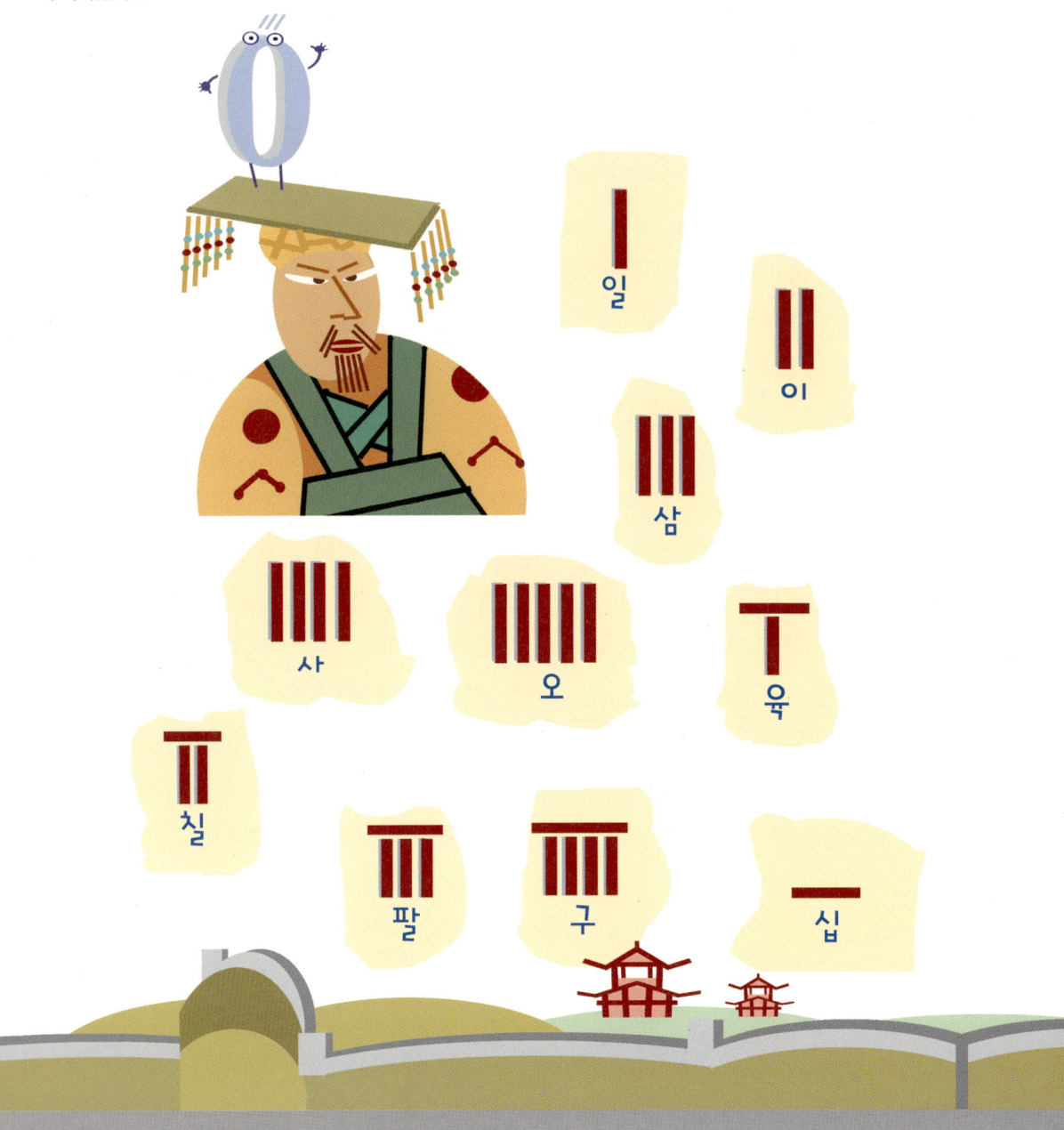

중국 사람들에게도 나는 없었어요. 나는 '없는 것'이니까 관심도 받지 못했지요.

중국의 갑골문 | 중국 은나라에서는 점을 친 뒤에 점의 결과를 거북의 껍데기나 짐승의 뼈에 새겼어요. 이를 '갑골문'이라고 해요. 갑골문은 시간이 흐르면서 모양이 자꾸 바뀌었어요. 기원전 220년경 진나라의 시황제가 오늘의 한자로 숫자를 바꿨어요.

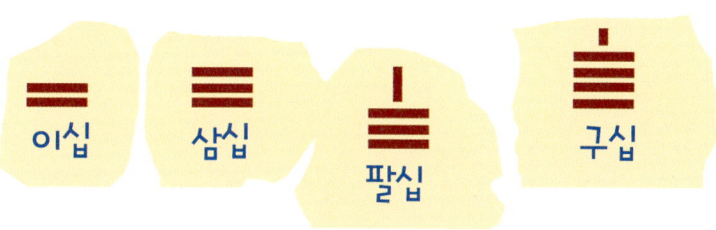

갑골문

고작해야 나는 '나머지'거나 '쓸모없는 것'이었기에 이렇게 그렸더라고요.

내가 이렇게 복잡한 모습을 하고 있으니 계산하거나 다른 숫자를 만드는데 어떻게 쓰이겠어요? 놀랄 일도 아니지요.

0을 사용했던 마야 사람들

마야 사람과 마야 문명 | 오늘날 멕시코 남동부, 콰테말라 등지에서 마야 사람들이 기원전 750년 경에 세운 문명이에요. 마야 사람들은 이집트처럼 피라미드와 같이 생긴 거대한 신전을 세우고, 태양신과 달의 신을 숭배했어요. 하늘을 잘 관측하여 시간을 계산하여 독특한 달력을 사용했지요. 마야 사람들은 '0'을 사용하였고, 이십진법을 사용했어요.

엘 카스티요 피라미드(치첸이트사)

마야 사람들은 중앙아메리카에 있는 멕시코 땅에 살았어요. 그들은 다른 민족보다 먼저 나를 발견해서 자신들의 멋진 달력에 사용했어요. 마야 사람들은 달력에 많은 관심을 두었어요.

마야 사람들은 달력이 끝나면 시간도 끝날까 봐 두려웠어요. 그래서 서로 다른 달력을 겹치도록 만들었답니다. 한 달력이 끝난다 해도 새로운 달력이 시작되었어요.

0년에 세상이 다시 시작된다!

지식 플러스 톡톡 마야 사람들의 달력

마야 사람들은 두 가지 달력을 사용했어요. 하나는 1년을 365일로 정한 달력이고, 다른 하나는 1년을 260일로 정한 달력이었어요. 두 달력은 52년마다 다시 만나는데, 그때마다 마야 사람들은 큰 종교 의식을 가졌어요.

마야 사람들은 세상은 일정한 간격으로 시작과 끝이 반복된다고 믿었어요. 그래서 지구는 5125년마다 시작과 끝을 반복한다고 생각했지요. 세상의 시작이 기원전 3113년이라고 생각하였으니, 그 끝은 2012년이라고 생각했을 거예요. 하지만 2012년에 지구가 없어지는 일은 일어나지 않았지요.

티칼 사원의 가면 장식 신화에 나오는 달의 신을 나타낸 마야 꽃병

천년 · 달 · 날 · 년

마야 사람들에게 나는 어떤 모습이었을까?

마야 숫자

나를 이렇게 그렸어!

영

마야 사람들은 나를 중요하게 생각했던 최초의 민족이었어요. 모든 것의 처음에 나를 놓았어요. 0일, 0월, 0년 이런 식으로요.

사 오 육 칠

십이 십삼 십사 십오

마야 사람들은 점과 선을 이용하여 수를 나타냈어요. 하지만 자신들의 멋진 달력에는 사납고 신비로운 얼굴을 사용하는 걸 좋아했어요. 맨 앞에 누군가와 손전화를 하는 듯한 얼굴이 바로 0이에요.

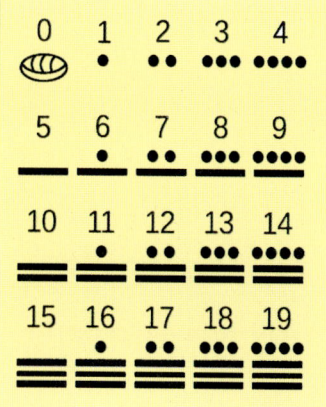

우리는 수를 나타내는 신비한 얼굴이지.

일　　이　　삼

팔　　구　　십　　십일

십육　　십칠　　십팔　　십구

알파벳을 숫자로 사용한 그리스 사람들

기하학 | 점, 선, 면, 도형을 공부하는 수학의 한 분야예요. 그리스의 수학자였던 에우클레이데스(유클리드)는 체계적으로 도형에 관하여 연구하였고 책으로 펴냈어요.

고대 그리스 사람들은 **기하학**에 뛰어났지만 수를 나타내는 기호를 만들지 못했어요. 그래서 알파벳 철자를 사용하여 수를 표현했어요. 알파(α)는 1, 베타(β)는 2라는 식으로 나타냈지요.

수학이라는 말을 만든 **피타고라스**조차 나에 관해 어떤 생각도 하지 못했어요. 피타고라스는 '모든 것은 수로 이루어져 있다'고 말했지만, 나를 수에 넣지 않았어요.

피타고라스 | 피타고라스는 기원전 6세기와 5세기를 살았던 철학자이자 과학자로 '수학'이라는 말을 만들었어요. 피타고라스는 그리스의 한 섬에서 태어나 어린 시절을 이집트에서 기하학과 천문학을 배우며 보냈어요. 그는 수의 신비로움에 빠져 세상 모든 것을 '수'와 연결지어 생각했어요.

오디세이아 | '오디세우스의 노래' 라는 뜻으로 고대 그리스의 시인 호메로스의 작품으로 전해지고 있어요. 그리스 신화 가운데 그리스 군대가 트로이를 공격한 후 오디세우스가 겪은 10년 간의 모험과 귀국에 관한 이야기를 다루고 있어요.

고대 그리스 사람들은 위대한 서사시 '**오디세이아**'에서 영광스럽게 나를 소개해 주었어요. 영웅 오디세우스는 떠돌아다니다가 외눈박이 거인 **폴리페모스**에게 붙잡혔어요. 모든 외눈박이 거인들이 그렇듯 폴리페모스도 하나뿐인 눈으로 사람들을 잡아먹었어요.

"좋아, 없는 자여! 너를 마지막으로 먹어 치워 버리겠다."

외눈박이 거인이 말했어요.

오디세우스는 동료들과 산 채로 잡아먹힐 위기에 빠졌어요. 하지만 밤에 폴리페모스가 잠든 사이 그를 공격해서 눈을 멀게 했어요. 폴리페모스가 비명을 지르며 형제들에게 도와달라고 하자 형제들은 우르르 달려갔어요. 오디세우스와 동료들은 그곳에서 도망칠 수 없을 것 같았어요.

폴리페모스 | 그리스 신화에는 눈이 하나밖에 없는 거인이 등장하는데 이를 '키클롭스'라고 해요. 폴리페모스는 '오디세이아'에서 등장하는 키클롭스로, 트로이 전쟁을 끝내고 집으로 돌아가던 오디세우스 일행을 잡아먹으려다 눈을 찔려 장님이 된답니다.

"그럼 하는 수 없지. 없는 자였다면 그건 신의 뜻이었다는 말이야."

외눈박이 거인 형제는 눈이 먼 폴리페모스를 홀로 남겨두고 떠나버렸어요.

오디세우스는 '없는 자' 행세를 했기 때문에 자신의 동료들과 외눈박이 괴물들의 섬에서 무사히 도망칠 수 있었어요.

편리한 계산법은 없을까?

고대 로마 사람들도 나를 수에 넣지 않았어요. 1000년 이상 그 어느 로마 사람들도 내 이름을 쓰거나 기호를 붙여주지 않았어요. 내 형제는 고대 로마에서도 몇 가지 알파벳 대문자로 나타냈답니다.

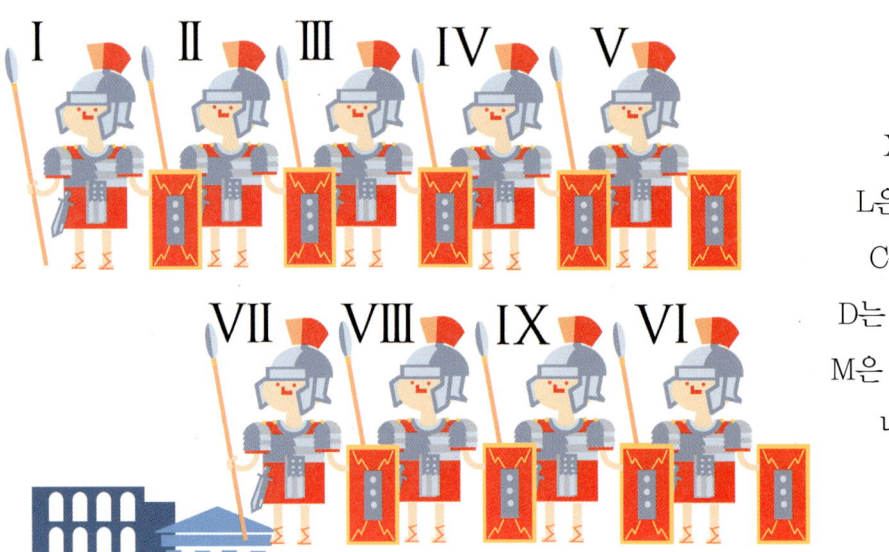

I은 일(1),
V는 오(5),
X는 십(10),
L은 오십(50),
C는 백(100),
D는 오백(500),
M은 천(1000)을
나타냈어요.

이러한 형태로 고대 로마 사람들은 무려 … 3999까지 적었답니다.

MDCCLXVII
천칠백육십칠

더 큰 수는 M 위에 선을 그어 수백 만과 수십 억을 나타냈어요. 아무리 큰 수도 다 쓸 수 있었어요.

그런데 로마 사람들은 이런 숫자로 어떻게 덧셈이나 뺄셈을 했을까요? 답은 간단해요. 그러한 계산은 아예 하지를 않았어요!

로마 문명과 로마 숫자

로마는 테베레 강 하류에 있는 이탈리아의 중심지로, '영원한 도시'라고도 불렸어요. 전설에 따르면 늑대의 젖을 먹고 자란 로물루스가 자신의 이름을 딴 '로마'를 세웠다고 해요. 오랫동안 고대 세계의 중심지 역할을 했고, 15세기경 르네상스의 중심지가 되기도 했어요.

로마 사람들은 0이 없는 수를 사용했어요. 표와 같이 알파벳으로 수를 표현했어요. 로마 숫자는 큰 수를 나타낼 수 있었지만, 상당히 불편하고 계산이 복잡했어요. 50은 퀸콴긴타(quinquanginta), 100은 센툼(centum), 1000은 밀레(mille)라고 불렀어요.

로마 숫자	값	수 이름	로마 숫자	값	수 이름
I	1	우누스(unus)	VII	7	셉템(septem)
II	2	두오(duo)	VIII	8	옥토(octo)
III	3	트레스/트리아(tres/tria)	IX	9	노벰(nobem)
IV	4	콰투오르(quatuor)	X	10	데세믄(decem)
V	5	퀸퀘(quinque)	XI	11	운데킴(undecim)
VI	6	섹스(sex)	XII	12	두오데킴(duodecim)

로마 숫자의 이름은 오늘날에도 활용되고 있어요. 가령, 12월을 뜻하는 영어 December는 로마 달력의 10번째를 가리키는 말로 사용됐어요. 1000년 단위를 뜻하는 '밀레니엄' 역시 로마 숫자의 이름에서 따온 거랍니다.

"전 세계가 다 주판을 사용했어."

"우리도!"

"우리도!"

주판은 0 없이 계산할 때 반드시 필요한 거였어요. 로마 사람들은 판 위에 작은 돌을 올려놓고 주판으로 사용했어요. 작은 돌을 라틴 말로 '칼쿨루스(calculus)'라고 하는데 나중에는 '계산한다'는 뜻이 되었어요. 이후에는 세련된 청동판에 매끈한 못을 끼워 사용했어요.

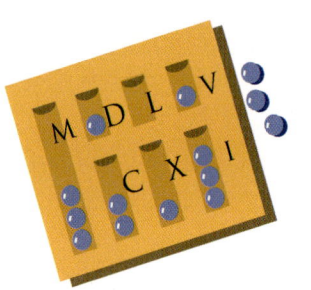

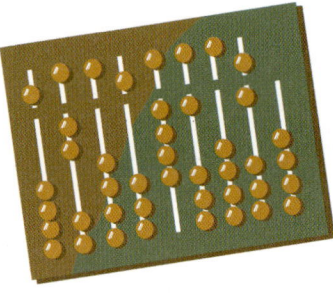

"내가 바로 청동 주판이야!"

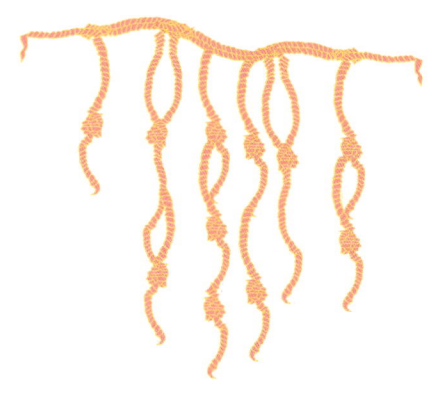

멀리 있는 다른 나라 사람들은 또 다른 형태로 계산했어요. 페루 땅에 사는 잉카 사람들은 '**매듭 문자**'를 사용했어요. 가는 밧줄에 매듭을 지어 계산하는 방법이에요.

중국에서는 나무틀로 주판을 만들었어요. 작은 알이나 작은 원반을 가는 막대기에 끼워 움직이도록 했지요.

매듭 문자 | 잉카 민족은 퀴푸라는 매듭 숫자를 사용했어요. 굵은 끈에다 여러 가닥의 작은 끈을 달았는데, 크기와 위치에 따라 숫자를 나타냈다고 해요. 금색 줄은 금을, 하얀색 줄은 은을, 초록색 줄은 곡식을 나타내는 등 색이 있는 줄을 사용하기도 했어요.

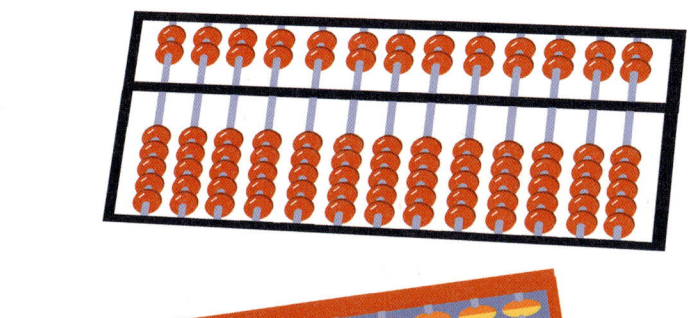

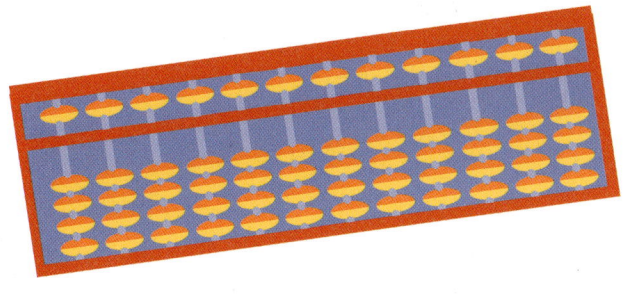

일본 사람들도 비슷한 모양을 한 주판을 사용했는데, 두 줄이었고 알의 수도 적었어요. 이 모든 주판의 친척뻘이 되는 게 셈수판이에요.

지금은 주판이 장난감 같아 보이지만 몇백 년 동안 상인들이나 수공예품을 만드는 장인들 그리고 과학자들이 사용했던 것이랍니다.

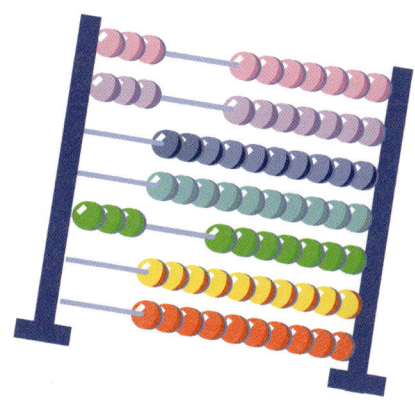

3장

1, 2, 3 다음에 나타난 숫자 0

놀라운 발명, 0의 탄생
아랍 상인들, 0을 사용하다!

놀라운 발명, 0의 탄생

인도 수학 | 고대 인도에서는 십진법으로 셈을 했어요. 종교적인 연구 과정에서 수와 계산법이 발달하였고, 도형을 다루는 기하학도 상당히 발전했어요.

수천 년 동안 많은 계산법이 만들어지는 과정에서 드디어 내가 지평선 위에 그 모습을 드러냈어요. '아무것도 없는 것'이 지평선 위에 나타났다고 하면 좀 이상하지만 말이에요.

코끼리의 나라, 팔이 여럿 달린 조각상들의 나라인 인도에서 벌어진 일이에요.

인도에서는 계산할 때 아홉 개의 기호를 사용했어요. 오늘날 우리가 사용하는 숫자와 크게 다르지 않았어요. 여느 기호처럼 단순한 기호에 불과했지요. 그런데 어느 똑똑한 인도 사람이 특별한 기호를 사용했어요. 그냥 동그라미였지요. 누구도 이 동그라미가 세상을 바꾸게 될 것이라고 전혀 생각하지 못했어요.

0의 계산 | 0은 특별히 '수'라는 생각 없이 인도에서 오래전부터 사용하고 있었어요. 약 1000년 전에 살았던 인도 수학자 마하비라가 0을 수로 생각하고, 덧셈, 뺄셈, 곱셈, 나눗셈을 한 결과를 발표했어요.

혼자서는 아무런 가치가 없는 숫자에 똑똑한 인도 사람들은 놀라운 힘을 불어넣었어요. 거의 신과 같은 능력이었지요. 왼쪽에 놓이는 수를 10배씩 곱할 수 있는 능력이에요.

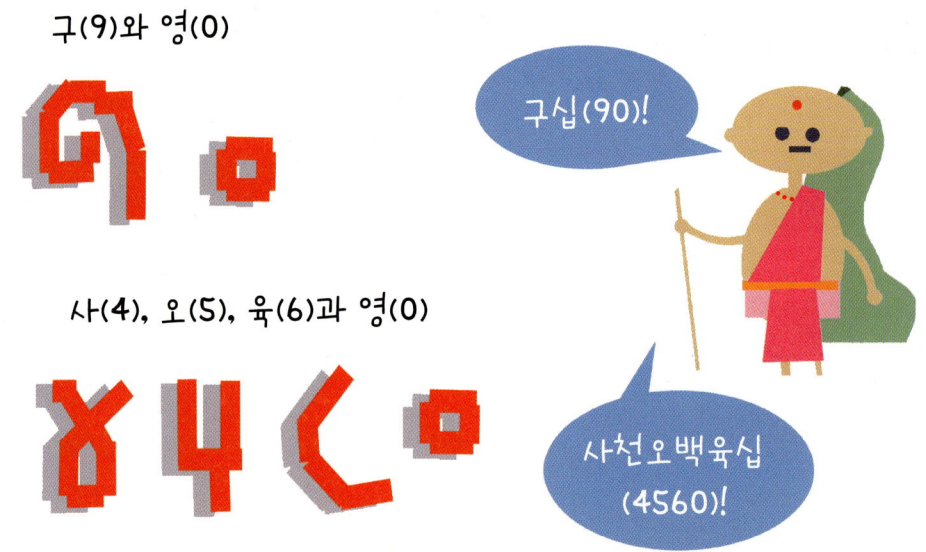

지식플러스 톡톡 다양하게 사용되는 숫자 0

0이 없는 세상을 상상해 볼 수 있을까요? 0이 없다면, 내 주머니에 있는 100원, 1000원은 어떻게 될까요? 0이 없는 세상은 상상하기 어려울 만큼 혼란스러울 거예요. 역사 속에서 0의 발명은 대단한 사건임에 틀림없어요.

① 0은 빈자리를 나타낼 때 사용해요. 0.001과 같은 소수를 사용할 때도 0은 빈자리를 채워주면서 자리값을 나타내주지요.
② 0은 아무것도 없다는 의미로 사용해요. 통장에 0이라고 쓰여 있다면, 남은 돈이 하나도 없다는 걸 뜻해요.
③ 0은 시작 지점을 나타내요. 예컨대 운동선수가 달리기할 때 시작하는 지점을 0m로 표시하지요.
④ 0은 양수와 음수를 나누는 기준점이에요.

나와 아홉 개의 인도 숫자만 있으면 우주의 어떤 수든 다 표현할 수 있게 되었어요. 아무리 거대한 수, 우주만큼 큰 수라 해도 말이지요.

사실 적당한 자리에 나를 놓기만 하면 수백, 수천의 빈자리를 나타낼 수 있어요.

인도에서 가장 힘이 센 **시바 신**에 맞먹는 발견이었답니다.

시바 신 | 인도 사람들이 믿는 힌두교의 신들 가운데 하나예요. 시바는 원래 부유함과 행복을 뜻하는 신이었으나, 나중에 파괴의 신이 되었어요. 시바 신의 신성한 숫자는 5예요.

아랍 상인들, 0을 사용하다!

인도에서 만든 열 가지 숫자는 이웃 나라들로 전해졌고, 시간이 흐르면서 모습이 바뀌었어요. 모양이 좁아지다가 넓어지기도 하고, 길어지다가 짧아지기도 했지요. 동글동글해지거나 뾰족해지면서 전 세계에서 흔히 사용하는 숫자 형태로 변했어요.

열 가지 숫자만 있으면 모든 수를 아주 쉽게 더하거나 빼고, 나누거나 곱할 수 있어요. 주판을 사용하지 않고도 말이지요.

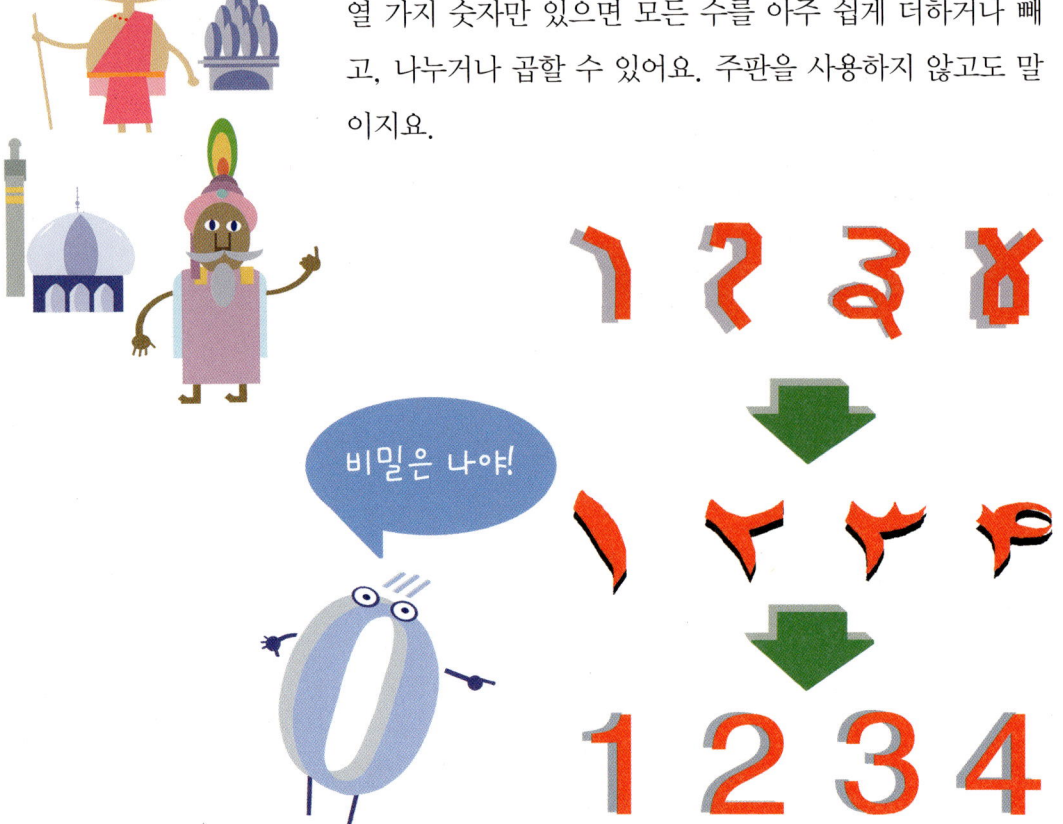

지식 플러스 톡톡 | 1부터 9까지 사람들의 생각하는 수의 의미

1은 수의 '시작'이므로 '최초'를 의미해요. 2는 '해와 달', '남자와 여자'처럼 화합이나 짝을 이룬다는 의미가 있어요. 3은 안정을 뜻하는데 특히 우리나라 사람들이 좋아하는 수예요. 삼신할머니, 가위바위보, 삼세판 등 3과 관련된 것이 주변에 아주 많아요.

4는 '동서남북', '봄 여름 가을 겨울' 등 '완성'을 의미해요. 그런데 동양에서는 4가 죽음을 뜻하는 한자인 死(사)와 비슷해서 사용하기를 꺼리는 면도 있어요. 5는 손가락의 수와 같아서 '전부'를 뜻하고, 6은 아름다움의 완성과 '안정'을 의미해요.

7은 모두가 잘 알다시피 행운을 뜻해요. 일곱 색깔 무지개, 러키세븐, 북두칠성 등은 7과 관련된 말이에요. 8은 동양에서는 팔등신, 팔방미인이라는 말이 있듯이 아름다움의 기준이 되지만, 서양에서는 전쟁과 파괴를 뜻한다고 해요. 9는 좋은 것과 나쁜 것이 뒤섞인 수이지만, 중국 사람들은 황제의 수로 여겨 최고라고 여긴답니다.

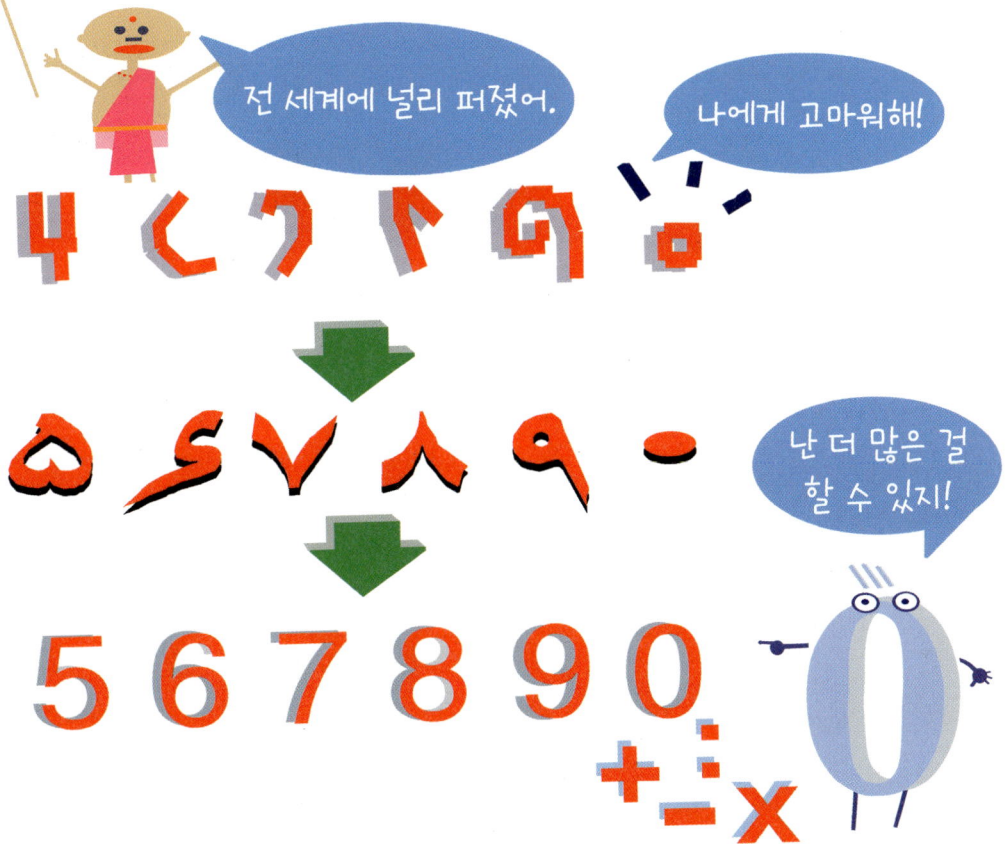

무함마드 이븐 무사 알 콰리즈미 | 750년과 850년 사이에 살았던 페르시아 수학자이자 천문학자였어요. 바그다드 도서관 사서와 지혜의 집 관장으로 일했어요. 인도에서 온 아라비아 숫자를 이용하여 최초로 사칙연산(덧셈, 뺄셈, 곱셈, 나눗셈)을 만들고 0과 위치값을 사용했어요.

인도 숫자가 다른 나라로 퍼져가는데 상당한 시간이 걸렸어요. 1000년 전에는 인터넷이 없었으니까요.

그러던 중 페르시아의 어느 위대한 학자에게 인도 숫자에 관한 소식이 전해졌어요. 그 학자의 이름은 **무함마드 이븐 무사 알 콰리즈미**였어요. 그는 내가 가진 힘에 많은 관심을 보였고 내게서 새로운 것을 발견했지요.

이 0은 강력해!

그는 나를 계산하는 데만 사용하지 않았어요. 새로운 수학 방법인 '**대수학**'을 발명했답니다. 알파벳 철자를 활용하여 많은 문제를 만들고 풀 수 있는 공식을 만들어낸 거지요.

대수학 | 수학의 한 분야로 수 대신에 문자를 쓰거나 수학 법칙을 만드는 것을 말해요. 복잡한 수를 사용하지 않아 문제 해결을 쉽게 하고, 간단한 공식을 만들 수 있는 장점이 있지요.

마법사들과 과학자들은 알 콰리즈미가 0을 이용하여 만든 공식을 아주 좋아했어요.

결국, 아라비아 상인들 덕분에 나와 나의 형제는 세상에 널리 알려졌답니다. 아라비아 상인들은 우리를 즐겨 사용했고, 자신들과 무역하는 많은 나라에 우리를 소개했어요.

이것 때문에 인도 숫자가 '아라비아 숫자'라는 이름으로 널리 알려졌어요. 오늘날에도 그렇게 부르고 있지요.

4장

아라비아 숫자는 안 돼!

0이 무서워!
숫자 전쟁

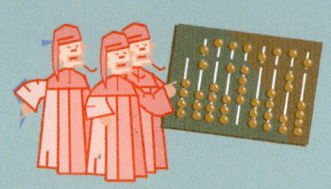

0이 무서워!

레오나르도 피보나치 | 1170년 이탈리아 피사에서 태어나 이집트, 시리아, 그리스 등 여러 나라를 여행하며 어린 시절을 보냈어요. 그곳 수학을 두루 공부하면서 유럽 사람들에게 소개하여 수학을 발전시키는데 큰 역할을 했어요. 특히 아라비아 숫자를 유럽에 널리 알렸어요. 앞의 두 수의 합이 바로 뒤의 수가 되는 피보나치 수열(1, 1, 2, 3, 5, 8, 11 …)이 유명해요.

나는 레오나르도라는 이름을 가진 소년과 함께 배를 타고 유럽 땅에 도착했어요. 그때가 1200년 무렵이었지요.

레오나르도 피보나치는 피사 공국에 사는 어느 상인의 아들이었어요. 아버지 덕분에 레오나르도는 알제리의 베자이아에서 공부했어요. 레오나르도는 그곳에 머물면서 아랍 말뿐만 아니라 이슬람 수학을 완벽하게 배웠어요. 그 후 그는 수의 마법사가 되었어요.

내게 관심이 많았던 레오나르도는 갖가지 노력으로 아라비아 숫자를 널리 퍼트리려고 했어요. 그래도 어떤 사람들은 날 좋아하지 않았어요. 아니 날 무서워하기까지 했어요.

나, 0은 유럽에서는 텅 빈 것, 아무것도 없음을 나타내는 말이었어요. 이러한 까닭으로 유럽 사람들은 나를 악마의 아들로 여긴 거예요. 나에 관해 잘 아는 사람조차 나를 서랍 속에 꼭꼭 숨겨 두었답니다.

유럽에서는 1000년 이상 로마 숫자로 셈을 했어요.

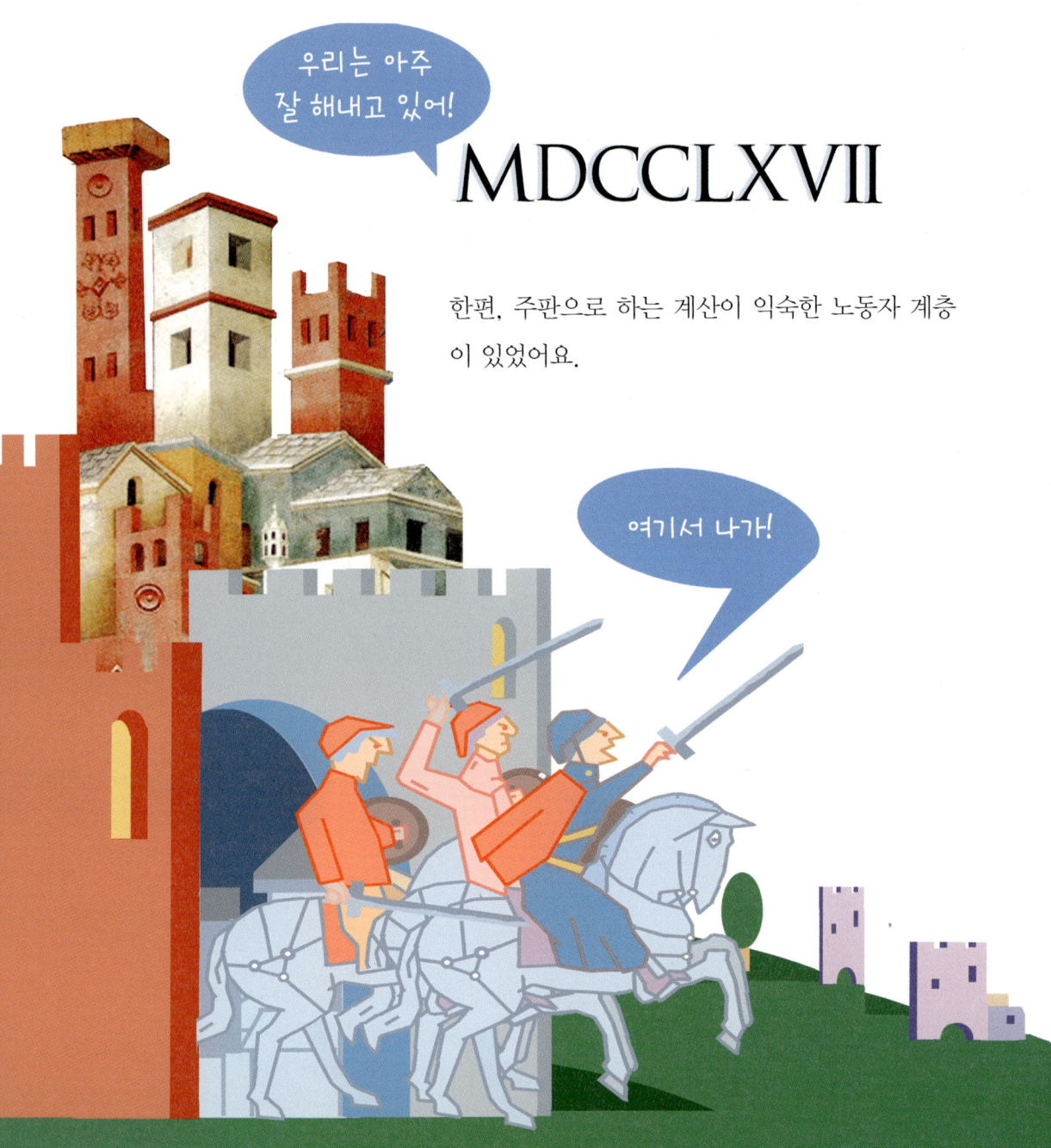

우리는 아주 잘 해내고 있어!

MDCCLXVII

한편, 주판으로 하는 계산이 익숙한 노동자 계층이 있었어요.

여기서 나가!

전문 회계사인 '**아바시스트**'들은 자신들의 일자리를 지키려고 로마 숫자만 사용하자고 고집 피웠어요. 그들은 내가 악마처럼 마법을 부린다며 어떤 도시에서도 나를 사용하지 못하게 했어요. 이탈리아의 피렌체에서는 나와 내 아홉 형제를 내쫓아내기도 했어요. 어떤 사람은 나를 광장에서 불사르고 싶어 했어요. 다행히 '아무것도 없는 것'을 불사를 수는 없었지요.

아바시스트 | '주판으로 셈을 하는 사람'을 가리키는 말이에요. 아라비아 숫자가 유럽에 알려지자 이를 반대하였어요. 로마 숫자는 계산이 어렵기 때문에 주판 전문가였던 아바시스트가 필요했어요. 자신들이 필요없어질까 두려웠던 아바시스트들은 아라비아 숫자를 아주 반대했지요.

숫자 전쟁

로마 숫자와 아라비아 숫자 사이의 싸움은 오랫동안 계속되었어요. 어느 나라에서는 몇백 년 동안 지속되었지요. 로마 숫자와 아라비아 숫자의 싸움은 '아바시스트와 알고리즈미스트의 싸움'이라고도 불린답니다. 알고리즈미스트는 아라비아 숫자를 지지하는 사람들을 가리키는데, 이들의 싸움은 속도와 정확성의 싸움이었어요.

너희는 이제 늙고 뒤처졌어!

… 우리가 크게 승리했어.

새로운 숫자는 서서히 사람들에게 알려져 사용되기 시작했어요. 특히 상인들과 은행 사람들이 좋아했는데 양수뿐만 아니라 음수 그리고 고객의 빚을 쉽게 표시할 수 있었기 때문이에요. 이로써 나를 악마의 아들로 여겼던 생각들은 곧 사라졌어요.

은행

들어가도 될까요?

물론이죠. 어서 오세요.

로마 숫자 VS 아라비아 숫자

우리가 쓰는 아라비아 숫자는 세계 어디를 가더라도 비슷한 모양을 하고 있어요. 영어, 한글, 일본어 등 말은 달라도 수를 표시하는 숫자는 같은 기호를 쓰기 때문이에요. '아라비아 숫자가 세상 사람들 모두의 숫자가 된 것'은 겨우 300년밖에 되지 않아요. 그리고 이 과정은 아주 험난했어요.

아라비아 숫자가 유럽에 알려져 자리 잡는 과정에서 긴 싸움이 벌어졌지요. 이 싸움은 200년가량 계속되었어요. 기존의 셈판 이용을 지지하는 아바시스트와 새로운 아라비아 숫자 체계를 지지하는 알고리즈미스트의 싸움이었지요.

왼쪽에 있는 동판 그림은 그들의 싸움이 얼마나 심각했는지 알려준답니다. 그림 속 오른쪽은 아바시스트를 상징하는 피타고라스가, 왼쪽은 아라비아 숫자로 계산하는 보에티우스가 그려져 있어요. 가운데 있는 여신은 계산을 상징하는데 보에티우스를 향해 미소를 짓고 있어요. 이 동판이 만들어질 무렵에 아라비아 숫자가 널리 사용되고 있음을 짐작할 수 있지요.

프레스코 | 덜 마른 석고 벽 위에 안료(색이 있는 분말가루)로 그림을 그리는 방법을 말해요. 석고가 마르기 전에 재빨리 그림을 그려야 하고 고칠 수가 없는 불편함이 있어요.

르네상스 시대의 예술가들은 우리의 가장 든든한 동맹군이었어요.

위대한 레오나르도 다 빈치와 같은 예술가들은 무게, 부피, 퍼센트, 그리고 비례를 계산하려고 우리를 사용했어요. 로마 숫자로는 그 모든 걸 셈하기가 아주 어려웠거든요. 그들은 모든 작품에서 나를 영광스러운 자리에 앉혔어요.

이상 도시 (우르비노 국립 미술관 소장) 르네상스 절기에 그려진 것으로 작가가 누구인지 알 수 없어요. 그림 중앙에 0점이 있어요.

그들의 그림은 **프레스코** 벽화처럼 평평한 **2차원**이 아니었어요. 깊이감이 생겼어요. 나는 영점, 원근법을 통해 모든 선들이 출발하는 시작점이 되었어요.

2차원 | 점들이 무한으로 겹쳐지면 선이 되는데 이를 1차원이라고 해요. 선들이 무한히 겹쳐지면 면을 이루는데 이를 2차원이라고 하지요. 면들이 모이면 비로소 공간을 이루는데 이를 3차원이라고 합니다. 우리가 사는 세상이 곧 3차원이지요.

수학자가 아닌 사람은 우리 편이 될 수 없다!

지식플러스톡톡 레오나르도 다 빈치는 수학자일까? 예술가일까?

레오나르도 다 빈치는 「모나리자」, 「최후의 만찬」을 그린 뛰어난 화가로 알려져 있어요. 1452년 이탈리아의 작은 빈치 마을에서 태어난 다 빈치는 그림뿐만 아니라 조각, 건축, 수학, 의학, 과학과 발명 등 다양한 분야에서 활동했어요. 헬리콥터, 다 빈치 다리, 전쟁 무기 등을 그린 스케치는 오늘날에 견주어도 놀랄 만큼 뛰어난 아이디어로 인정받고 있어요.

레오나르도 다 빈치는 어렸을 때부터 주산을 배웠고 아라비아 숫자도 사용할 줄 알았어요. 수학에 관심을 많이 두었지만, 그리스 어와 라틴 어를 잘 몰라 공부를 제대로 못 했지요. 그러던 중 다 빈치는 피렌체에서 수학자 루카 파치올라를 만나면서 예술보다 수학을 더욱 연구했어요. 사람의 몸을 관찰하면서 비율을 살펴보게 되었고, '모든 것이 수학'이라는 생각까지 했지요. 다 빈치는 수학을 활용하여 자신의 예술품, 건축, 발명품을 더욱 가치있게 만든 인물이랍니다.

5장

무한한 힘을 지닌 숫자 0

0을 기준으로
빅뱅과 0의 관계
0이 끝없이 이어진다면?

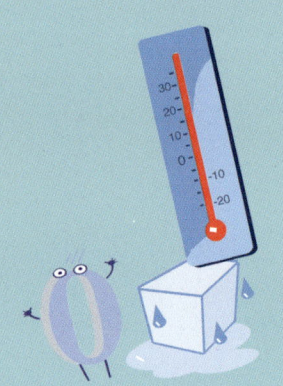
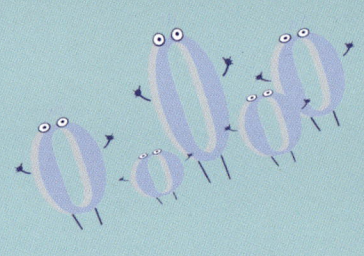

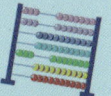

0을 기준으로

기하학 | 점, 선, 면과 같은 도형을 연구하는 수학의 한 분야예요. 고대 이집트와 같이 고대 문명에서 농사를 짓기 위해 정확하게 땅의 넓이를 구하려고 연구하는 과정에서 발달했어요.

예술가와 은행가, 상인들에 이어 과학자들도 나에 관해 진지하게 생각하기 시작했어요. 수학자 **데카르트**는 단순하지만 아주 중요한 아이디어를 냈어요. **기하학**의 중심에 나를 가져다 놓은 거예요.

0? 멋진 출발점이지.

'아무것도 없는 것'인 내가 수많은 것들의 출발점이 됐어요.

3 1 2 9

이제 머리에 올라섰어!

데카르트는 직선을 가로세로 직각으로 만나게 하고, 두 선이 만나는 지점에 나를 두었어요. 두 직선 사이의 공간을 '데카르트 평면'이라고 불렀어요. 이 공간 안에 그려지는 모든 것은 모두 내 덕분에 가능한 일이에요.

데카르트 | 프랑스의 철학자이자 수학자로 '나는 생각한다. 고로 존재한다.'는 유명한 말을 남겼어요. 철학에 무척 밝았고, 수학의 발전에도 크게 기여했어요.

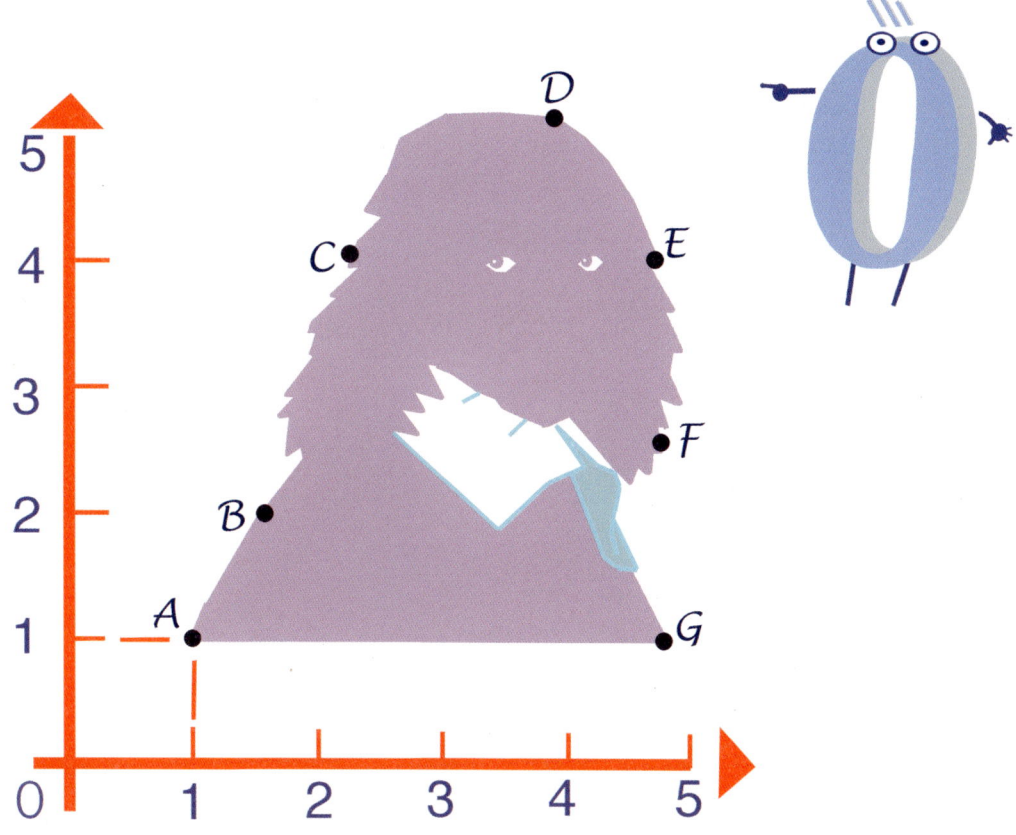

그림에 보이는 각각의 점은 나를 기준점으로 삼아 가로와 세로에 있는 숫자에 의해 정해집니다.

기준점의 0 | 온도를 나타낼 때 0 위에 있는 숫자에는 '영상'을, 0 아래에 있는 숫자에는 '영하'라는 말을 붙여요.
또 산의 높이를 나타낼 때 '해발고도'라는 표현을 사용해요. 그 기준은 해수면을 '0'으로 하여 측정한 높이를 가리키지요. 한라산의 높이가 1950m라고 할 때 해수면으로부터 1950m라는 뜻이랍니다.

이건 시작에 불과해요. 과학에서도 나를 본격적으로 사용했어요.

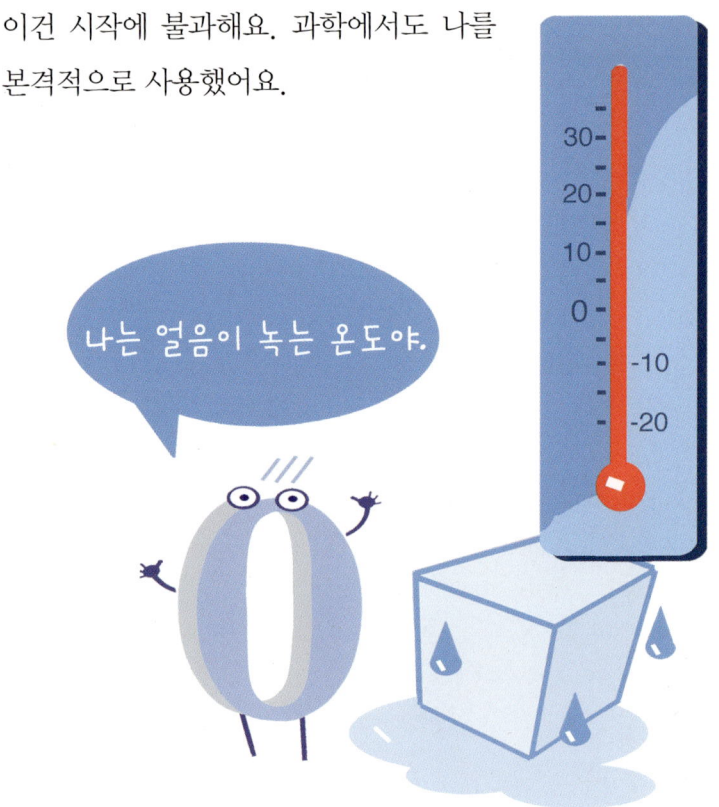

나는 얼음이 녹는 온도야.

열을 연구하는 사람은 얼음이 녹는 온도에 나를 갖다 놓았고, 기압을 연구하는 사람은 나를 해수면에 놓았어요.

나는 해수면 높이야!

지구를 탐사하는 사람은 지구의 가장 넓은 위치에 나를 두었어요.

친구들! 나는 0 박사예요.

중력 | 손에 들고 있는 물체를 놓으면 아래로 떨어져요. 조금 더 정확하게 말하면 지구 중심을 향해 떨어지지요. 눈에 보이지는 않지만 지구와 물체 사이에 힘이 작용하기 때문이에요. 지구와 물체가 서로 당기는 힘을 '중력'이라고 해요.

나는 위도 0°를 가리키는 적도야.

중력을 가장 멀리서 받는 거지.

빅뱅과 0의 관계

사람들은 심지어 우주의 시작에 나를 갖다 놓았어요. 빅뱅이죠!

빅뱅은 150억 년 전에 일어났던 놀라운 대폭발을 말해요. 폭발 후 시간이 점점 흐르면서 원자, 별, 은하계가 만들어졌답니다.

이제 말하지만 난 그곳에 있었어!

지식플러스 톡톡 빅뱅(우주 대폭발)

우주는 어떻게 시작되었을까요? 어떻게 모습이 바뀌고 있을까요? 우주의 비밀을 캐기 위해 많은 과학자들이 노력했어요. '상대성 이론'을 내세운 아인슈타인, '허블의 법칙'을 만든 허블, '빅뱅 이론'을 주장한 가모프 등이 대표적인 과학자들이에요. 하지만 여전히 우주의 탄생을 추측하고 있을 뿐이에요. 그중에서 빅뱅 이론은 150억 년 전, 아주 작은 한 점에서 대폭발이 일어나며 우주가 탄생했고 지금까지도 계속 팽창한다는 이론이에요. 러시아 출신의 물리학자 조지 가모프가 처음 주장했지요. 사실 빅뱅 이론은 처음에 사람들의 비웃음을 샀어요. 영국의 어느 라디오에서 '우주가 뻥! 하고 폭발했답니다'라는 우스갯소리로 설명되었는데, '빅뱅'이라는 이름이 붙은 계기가 되었어요.

우주의 대폭발 이후 우주는 계속해서 팽창하고 있어요. 우주에는 있는 별과 별 사이의 거리는 계속해서 멀어지고 있지요. 우주의 대폭발 과정을 거꾸로 가면 시간과 공간이 처음이 되는 지점이 생긴다고 생각할 수 있어요. 바로 0점인 상태지요.

우주 대폭발에 관한 자료를 수집하는 위성의 모습(NASA 자료)

대폭발 이후 우주는 계속 커져만 갔어요. 지금도 계속해서 커지고 있어요. '아무것도 없는 나'는 아주 먼 은하계 너무 우주의 경계에서도 찾을 수 있을 거예요.
이것 때문에 무한이 떠오른다면 난 멀리 가지 않고도 무한을 만날 수 있게 해 줄게요.

지식 플러스 톡톡 세상에서 가장 큰 수는?

무한대(∞)는 끝이 없거나 한없이 커지는 상태예요. 수학에서는 엄밀하게 말해 '수'가 아니에요. 그렇다면 지금까지 알려진 가장 큰 수는 무엇일까요? 보통 큰 수를 표현할 때 거듭제곱을 사용해요. '거듭제곱'은 같은 수를 여러 번 곱하는 것을 말해요.

10
$100 = 10^2 = 10 \times 10$
$1000 = 10^3 = 10 \times 10 \times 10$
$10000 = 10^4 = 10 \times 10 \times 10 \times 10$
…
1억(100000000) $= 10^8 = 10 \times 10 \times 10 \times 10 \times 10 \times 10 \times 10 \times 10$
…

1 뒤에 0을 계속 붙이면 '일, 십, 백, 천, 만, 십만, … 1억 …' 이렇게 읽을 수 있어요. 1뒤에 0이 12개 붙어 있으면 '1조'라고 해요. 그 이상은 짐작하기 어려울 만큼 큰 수예요.

동양에서는 항하사, 무량대수, 겁이라는 표현이 있어요. '항하사'는 인도의 갠지스 강 강변의 모래만큼 많다는 뜻으로 10을 52번 곱한 수예요. '무량대수'는 상상할 수 없을 만큼 큰 수라는 뜻을 지니고 있는데 10을 68번 곱한 수지요. '겁'은 무량대수보다 더 큰 수인데 정확하게 표현할 수 없어요.

한편, 미국 수학자 에드워드 캐스너는 『수학과 상상』이라는 책을 통해 '구골'을 소개했어요. 캐스너는 1 뒤에 0이 100개 이어지는 수를 구골이라고 했어요. 그리고 1 뒤에 지칠 때까지 0을 쓴 수를 '구골 플렉스'라고 부르기로 했지요.

구골 = 10100 = 100000000 … 00000000
　　　　　　　　　　→ 0이 100개 ←

인터넷에서 검색할 때 쓰는 '구글'은 '구골'에서 따왔어요. 인터넷에서 엄청난 정보를 찾을 수 있다는 의지를 담았지요.

나는 여러분에게 보여줄 마법을 몇 가지 더 갖고 있지요.

0이 끝없이 이어진다면?

무한대는 나의 반대말이에요. 나는 '아무것도 없는 것'인 반면, 무한대는 '거대하고 끝이 없는 것'이거든요. 모든 걸 넘어서는 거지요. 무한대는 이상하고 붙잡을 수도 없지만 나처럼 수예요. 무한대가 무엇인지 알고 싶다고요?

간단한 나눗셈으로 무한대를 만들 수 있어요. 마법 같은 계산이지만 무한대가 나타난답니다.
0으로 나누는 건 의미가 없지만, 0에 아주아주 가까운, 아

$$\frac{1}{0.0000000000000000000000000\cdots} = \infty$$

주 작은 수로 1을 나눈다면 어떻게 될까요? 나눗셈의 결과는 거의 무한대가 되지요.

무한소 | 0에 가까워지는 아주아주 작은 상태를 가리키는 말이에요.

아주아주 작은 수들은 강력한 힘을 지니고 있답니다. 희한하게도 아주 큰 수로 가까이 갈 수 있게 해주지요. 아무것도 아닌 것 같은 나는 사실 무한대로 가는 마법의 문인 거예요.

지식플러스 톡톡 세상에서 가장 작은 수의 단위는?

'모호'는 있는 듯 없는 듯 분명하지 않다는 뜻으로, 0.1에 0.1을 13번 곱한 값을 말해요. '순식'은 눈을 깜짝할 사이라는 뜻으로, 0.1에 0.1을 16번 곱한 아주 작은 수를 말하지요. '탄지'는 손톱이나 손가락 따위를 튕긴다는 의미로 0.1에 0.1을 17번 곱한 수를 가리켜요. 현대 과학으로 잴 수 있는 가장 작은 수이기도 해요.

'찰나'는 불교에서 아주 짧은 시간을 말해요. 탄지에 0.1을 더 곱한 수예요. '허공'은 불교에서 아무것도 없는 세계를 가리키는데 0.1에 0.1을 20번 곱한 수예요. 아무것도 없는 깨끗한 상태를 가리키는 '청정'은 모든 수 가운데 가장 작은 수예요. 0.1에 0.1을 21번 곱한 거예요.

$$\frac{1}{1,000,000,000,000,000,000,000}$$

0은 단순히 숫자로만 쓰이는 게 아니에요.

내 형제 1과 함께 우주의 가장 작은 의사소통 단위를 이루기도 해요. 정보 통신 세계에서는 우리를 '비트'라고 부릅니다. 우리의 언어는 은하계의 또 다른 생명체들까지도 이해할 수 있는 거예요. 기계와 컴퓨터 언어지요.

컴퓨터가 쓰는 말을 만든 라이프니츠

라이프니츠는 17세기에 활동했던 수학자이자 철학자였어요. 아버지의 영향을 받아 여러 분야에서 다양한 지식을 공부했어요. 그 덕분에 15살에 이미 라이프치히 대학교에 입학하여 짧은 시간에 법 공부를 마쳤지요. 어린 나이 탓에 학교에서 교수를 할 수 없게 되자 수학과 과학을 더 연구해야겠다고 마음먹었어요.

라이프니츠는 만유인력 법칙을 발견한 뉴턴과 함께 수학 논쟁을 벌일 만큼 많은 업적을 남겼어요. 수학 기호와 용어 그리고 공식은 오늘날에도 널리 쓰인답니다.

라이프니츠는 세상의 움직임을 설명하는데 많은 숫자가 필요 없다고 생각했어요. 그래서 0과 1로만 수를 표현하는 이진법을 만들었지요. 이진법에서 수는 1, 10, 11, 100, 101, 110, 111 … 이렇게 표현돼요. 이를 십진법의 수로 바꾸면 1, 2, 3, 4, 5, 6, 7 …이렇게 되지요.

이진법은 컴퓨터의 발전에 크게 영향을 주었어요. 컴퓨터는 '있다'와 '없다'로만 표시하는 아주 단순한 방법으로 정보를 처리해요. 이진법으로 계산하는 원리와 똑같지요.

라이프니츠(1646~1716년)

나와 1은 다른 숫자가 없어도 얼마든지 수로 표현할 수 있어요. 우리는 철자, 단어, 이미지도 나타낼 수 있어요. 전기 자극의 형태로 그 모든 것이 가능해요. 사람들에게는 불편한 시스템이지만 수많은 스위치로 된 컴퓨터에는 아주 유용한 방식이에요.

오늘날에는 많은 것들이 0과 1로 서로의 생각을 나누고 계산하며 설명하고 있답니다.

비트와 바이트 | 비트는 정보 공학에서 사용되는 두 숫자 0과 1로 구성된 것을 말해요. 컴퓨터, 스마트폰, 태블릿, 텔레비전, 모두가 비트로 작동해요. 바이트는 8비트로 구성되는 집트 집단 또는 0과 1의 집단으로 컴퓨터에서 알파벳 철자, 숫자, 다른 정보를 코드화해요.

이진법의 수	십진법의 수
0000	0
0001	1
0010	2
0011	3
0100	4
0101	5
0110	6
0111	7

0이 없다면 컴퓨터, 텔레비전, 휴대 전화, 모든 것이 멈추고 말 거예요. 0이 없다면 인류는 달에 가지도 못했을 것이고, 세상은 몇천 년 전 상태에 멈춰 있을지도 몰라요.

그렇다고 내가 머리 꼭대기에 올라서서 대장 노릇을 하지는 않아요. 오히려 다른 수에게서 한 가지 사실을 배웠지요. 나는 '아무것도 없는 것'이었고 지금도 '아무것도 없는 것'이라는 사실이지요.

'아무것도 없는' 나이지만, 수백·수천만의 가치를 지니고 있어요. 나는 우주의 시작과 끝, 무한한 역사의 출발점이 될 수 있지요. 또, 나는 어디에 있는지, 누구와 있는지 그리고 주변 친구들이나 형제들이 누구인지에 따라 가치가 달라져요.

수의 시작과 끝, 0의 이야기였어요.

창의력은 더하고
문제 해결력은 곱해 주는
STEAM 읽기

1. 자연 속에서 찾는 수학의 원리
2. 1부터 100까지 모두 더하면? 가우스의 덧셈!
3. 수를 사용하는 암호 세계
4. 숫자로 즐기는 게임, 숫자 퍼즐
5. 생활 속에 파고든 십이진법

4×1 = 4
4×2 = 8
4×3 = 12
4×4 = 16
4×5 = 20
4×6 =

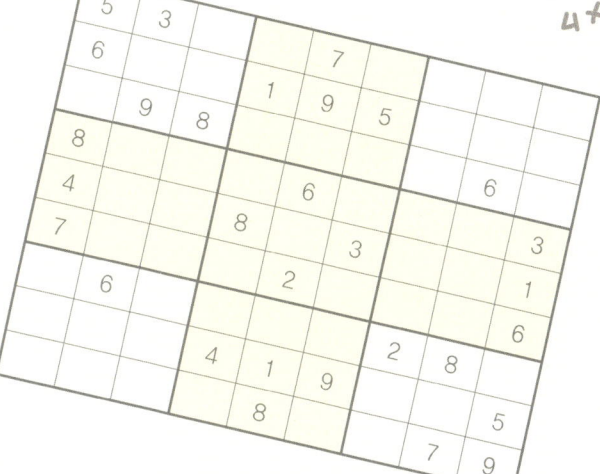

자연 속에서 찾는 수학의 원리

> 막 태어난 수컷과 암컷 토끼 한 쌍이 있어요. 이 토끼는 태어나서 한 달만 지나면 어미가 되고, 그 후 한 달마다 암컷과 수컷 토끼 한 쌍을 낳아요. 새끼 토끼들도 두 달이 지나면 마찬가지로 한 달마다 암컷과 수컷 토끼를 낳는다고 해요. 30개월 후에는 토끼가 몇 쌍이 될까요?

수열이 나오는 『산반서』

레오나르도 피보나치

수학자 레오나르도 피보나치는 이탈리아의 피사에서 태어났어요. 그는 상인이었던 아버지와 함께 여러 나라를 다니면서 틈틈이 시간을 쪼개어 수학을 공부했지요. 1228년에 『산반서(Liber Abaci)』라는 수학을 펴냈는데, 특이하게 생긴 수열을 많이 담고 있는 게 특징이었어요. 수열은 수를 일정한 규칙에 따라 나열한 것을 말해요.

『산반서』의 제3부에는 '토끼 이야기'로 시작하는 가장 유명한 문제가 실려 있어요. 그것이 바로 위에 있는 문제예요.

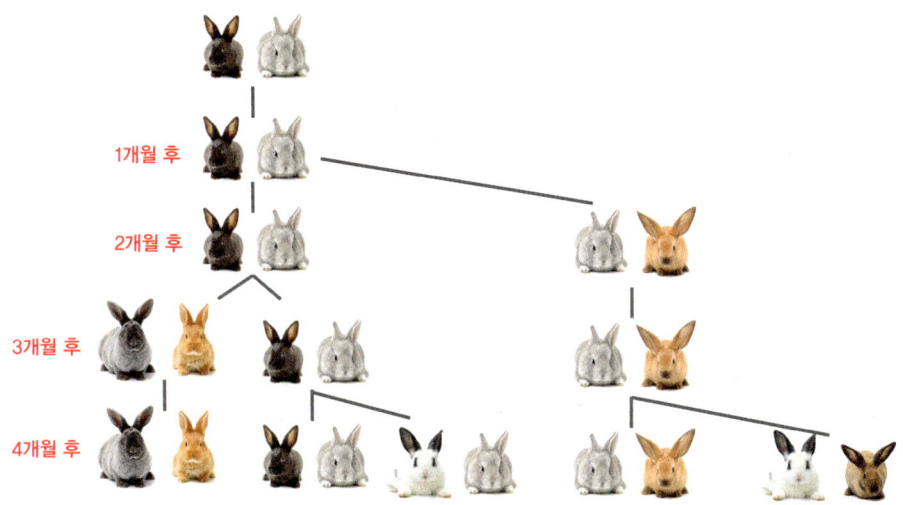

토끼 쌍이 만들어지는 것을 그림으로 나타내면 다음과 같아요. (실제로 토끼가 이와 같이 새끼들이 생기지는 않아요!)

위의 토끼 쌍을 수로 나열해 보면 다음과 같아요.

1, 1, 2, 3, 5, 8, 13, 21 …

이와 같은 수의 나열을 '피보나치 수열'이라고 해요. 이 수들은 '앞의 두 수를 더한 값이 다음 수'로 오는 특징이 있어요. 이러한 특징은 수학적으로 흥미로운 사실이지만, 놀랍게도 자연 속에서 많이 찾을 수 있다는 점이에요.

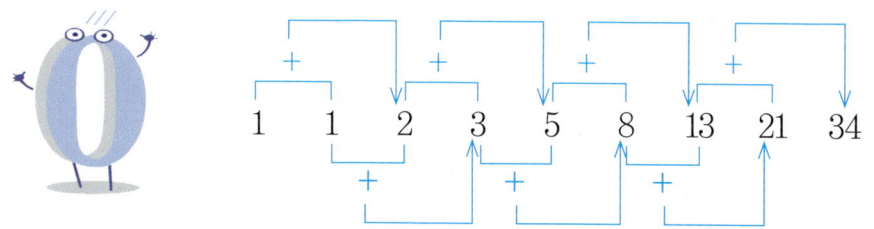

산이나 식물원 등지에서 볼 수 있는 꽃들의 꽃잎의 수에서 '피보나치 수열'을 찾을 수 있어요. 많은 꽃이 1장, 2장, 3장, 8장, 13장 등 피보나치 수열의 규칙을 따르며 제각각 꽃잎을 지니고 있어요. 물론 4장, 6장을 지닌 꽃들도 있어요. 피보나치 수열처럼 식물들이 꽃잎 수를 가지는 이유는 햇빛을 최대한 가리지 않도록 하기 위함이랍니다.

나팔꽃(꽃잎 1장)　　해오라기난초(꽃잎 2장)　　사마귀풀(꽃잎 3장)

패랭이꽃(꽃잎 5장)　　코스모스(꽃잎 8장)　　복수초(꽃잎 13장)

솔바울의 나선 개수도 피보나치 수열을 따르고 있어요. 솔방울의 크기에 따라 조금씩 다르지만 시계방향으로 8개, 시계 반대 반향으로 13개의 나선을 찾을 수 있지요.

해바라기의 씨앗 배열을 그린 나선도 피보나치 수열을 따르고 있어요. 해바라기 씨가 박힌 모양을 보면, 시계 방향과 시계 반대 방향의 나선을 찾을 수 있어요. 해바라기의 크기에 따라 나선의 수가 다르지만 한쪽 방향으로 21열이면 반대 방향으로 34열, 또는 34열과 55열 같이 항상 이웃하는 피보나치 수열의 두 수가 된답니다.

해바라기

솔방울

1부터 100까지 모두 더하면?
가우스의 덧셈!

　18세기 독일의 어느 학교. 수학 시간이었어요.
　선생님은 칠판에 '1부터 100까지 차례로 더하시오'라는 문제를 큼직하게 썼어요. 선생님이 써놓은 문제를 보며 학생들은 한숨을 푹푹 내쉬었어요. 선생님은 만족스러운 표정을 지으며 의자에 앉았지요.

　"차근차근 풀어 보아라."
　선생님이 말했어요. 잠시 쉴 수 있겠다는 마음으로 학생들을 찬찬히 둘러보았지요.
　그때, 한 학생이 손을 번쩍 들었어요.

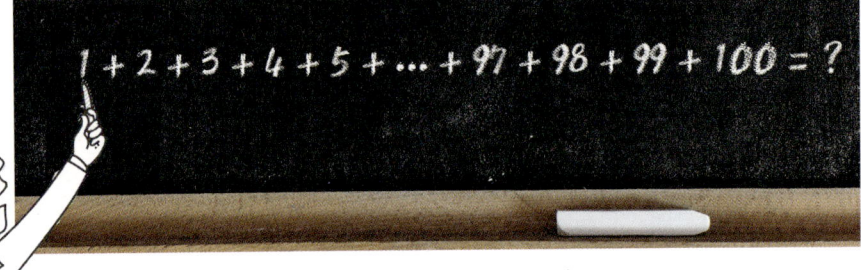

　"벌써 문제를 다 푼 것은 아닐 텐데……. 화장실에 가고 싶어서 그러니?"
　그 학생은 고개를 저었어요.

"그럼 문제를 다 풀었단 말이냐?"
그제야 그 학생은 고개를 끄덕이며 말했어요.
"네, 5050입니다!"

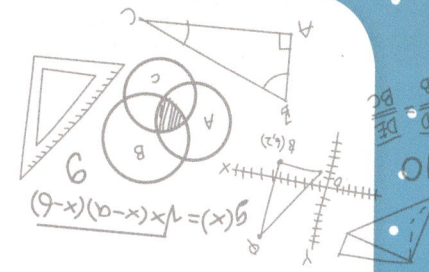

선생님은 깜짝 놀랐어요. 문제를 아주 빠른 속도로 풀었고 답을 정확히 맞혔기 때문이에요. 선생님은 그 학생에게 어떻게 빨리 계산했는지 설명해 보라고 말했어요. 그러자 그 학생은 칠판에 1부터 100까지 숫자를 쓴 다음, 그 아래에 거꾸로 100부터 1까지 숫자를 썼어요. 그러고는 1과 100, 2와 99, 3과 98, …… 이런 식으로 짝을 지었어요.

$$1 + 2 + 3 + 4 + 5 + \cdots + 96 + 97 + 98 + 99 + 100$$
$$100 + 99 + 98 + 97 + 96 + \cdots + 5 + 4 + 3 + 2 + 1$$

그런뒤 다음과 같이 설명했어요.

"1과 100을 더하면 101, 2와 99를 더하면 101, 3과 98을 더하면 101, … 100과 1을 더하면 101이 됩니다. 101이 100개가 있는 거지요. 101×100은 10100이에요. 이 값은 1부터 100까지 두 번씩 더한 값이므로 2로 나누면 5050이 됩니다."

이 학생은 훗날 '수학의 왕자'로 불리는 가우스랍니다. 그는 독일의 수학자이자 과학자로, 통계, 전자기, 천문학, 광학 등 여러 분야에 걸쳐 활동했어요. 특히 수의 특징을 연구한 '정수론'을 수학의 중요 분야로 발전시켰어요.

카를 프리드리히 가우스(1777~1855년)

수를 사용하는 암호 세계

2001년 어느 천재 수학자의 이야기를 다룬 영화 '뷰티풀 마인드'가 전 세계에 개봉되었어요. 이 영화는 아카데미 시상식에서도 많은 사람의 관심을 받은 작품이었지요. 영화 속 천재 수학자는 아침에 눈을 떠서 잠을 자기 전까지 온통 수학만 생각했어요. 이러한 성격 탓에 그는 주변 사람들과 항상 갈등이 끊이질 않았지요. 이 천재 수학자는 지나치게 수학에 빠진

프린스턴 대학교

나머지 정신병을 앓기도 했어요. 온갖 어려움을 겪으면서도 그는 수학에 바탕을 둔 게임 이론을 연구하여 발표했고, 경제학의 발전에도 이바지했어요. 유명한 프린스턴 대학교의 교수가 되었고, 노벨 경제학상까지 거머쥐었답니다. 이 천재 수학자는 바로 존 내쉬예요.

존 내쉬(2011년의 모습)

존 내쉬는 수학의 여러 분야 가운데 '수와 논리'에 집중했어요. 특히 자연수 가운데 1과 자기 자신으로만 나눌 수 있는 '소수'에 많은 관심을 두고 연구했어요. 소수는 2, 3, 5, 7, 13, … 이런 수를 가리켜요. 5는 1 혹은 5(자기 자신) 이외의 수로 나누어 떨어지지 않거든요. 7이나 13도 마찬가지예요. (참고로, 자연수는 1부터 시작하여 하나씩 더하여 얻는 수를 통틀어 이르는 수로, 1, 2, 3, 4, …를 가리켜요.)

우리가 사용하는 컴퓨터 암호는 소수의 곱셈을 활용하여 만들었어요. 15는 3과 5의 곱으로 된 수예요. 그리고 3과 5는 소수이지요. 221은 어떤 소수의 곱일까요? 소수들 가운데 차근차근 두 수를 곱해 보면 알 수 있어요. 221은 13과 17을 곱한 값이에요. 지금까지는 쉬울 거예요. 그렇다면 5183은 어떤 두 소수의 곱일까요? 그리고 이보다 엄청 큰 수라면 두 소수를 어떻게 찾을 수 있을까요?

1000보다 작은 자연수 가운데 소수는 168개예요. 10000보다 작은 수 가운데 소수는 1229개 있지요. 현재까지 찾아낸 가장 큰 소수는 2000만 자리가 넘은 수예요. 아마 상상이

안 되는 수일 거예요. 시간이 더 흐르면 이보다 더 큰 소수도 발견될 거예요. 이렇게 소수를 찾는 일은 컴퓨터를 사용하더라도 오랜 시간이 걸린답니다. 그래서 암호 전문가들이 소수를 활용하여 암호 체계를 만들었지요.

컴퓨터를 이용하여 아주 큰 소수를 찾는 일은 지금도 계속되고 있어요.

2, 3, 5, 7, 11, 13, 17, 19, 23, 29, 31, 37, 41, 43, 47, 53, 59, 61, 67, 71, 73, 79, 83, 89, 97, 101, 103, 107, 109, 113, 127, 131, 137, 139, 149, 151, 157, 163, 167, 173, 179, 181, 191, 193, 197, 199, 211, 223, 227, 229, 233, 239, 241, 251, 257, 263, 269, 271, 277, 281, 283, 293, 307, 311, 313, 317, 331, 337, 347, 349, 353, 359, 367, 373, 379, 383, 389, 397, 401, 409, 419, 421, 431, 433, 439, 443, 449, 457, 461, 463, 467, 479, 487, 491, 499, 503, 509, 521, 523, 541, 547, 557, 563, 569, 571, 577, 587, 593, 599, 601, 607, 613, 617, 619, 631, 641, 643, 647, 653, 659, 661, 673, 677, 683, 691, 701, 709, 719, 727, 733, 739, 743, 751, 757, 761, 769, 773, 787, 797, 809, 811, 821, 823, 827, 829, 839, 853, 857, 859, 863, 877, 881, 883, 887, 907, 911, 919, 929, 937, 941, 947, 953, 967, 971, 977, 983, 991, 997

1000보다 작은 수 가운데 소수들(2는 유일하게 짝수예요.)

숫자로 즐기는 게임, 숫자 퍼즐

5	3			7				
6			1	9	5			
	9	8					6	
8				6				3
4			8		3			1
7				2				6
	6					2	8	
			4	1	9			5
				8			7	9

 이러한 퍼즐을 본 적이 있나요? '스도쿠'라고 불리는 숫자 퍼즐로, 컴퓨터 또는 휴대전화 게임으로 만들어질 만큼 인기를 얻었어요. 스도쿠는 '외로운 숫자(數獨)'라는 의미를 가진 한자를 일본어로 읽은 거예요.

 스도쿠가 일본 사람에 의해 발명되었다고 생각했을지도 몰라요. 하지만 1979년 미국의 하워드 건스가 「델 매거진즈」에 '넘버 플레이스'라는 게임으로 먼저 소개되었어요. 1984년 일본의 한 출판사의 잡지 「퍼즐 통신 니코리」에 '스도쿠'라는 이름을 붙여 알려지면서 온 세계로 퍼져나갔지요.

 이 숫자 퍼즐을 만들거나 널리 알린 사람은 수학자가 아니에요. 퍼즐 전문가가 수학자의 아이디어를 본따서 만들었지요. 18세기경 스위스에는 오일러라는 유명한 수학자가 있었어요. 이전 수학자들이 미처 생각하지 못한 분야까지 개척하여 수학의 수준을 한 단계 끌어올린 인물로 알려져 있지요. 그의 연구 가운데 '라틴 방진'이라는 것이 있었는데 특별한 규칙에 맞춰 숫자를 배열하는 문제였어요. '라틴 방진'은 20세기까지 수학자들 사이에서만 알려져 있었을 뿐 퍼즐로 만들 생각은 하지 못했어요. 이를 하워드 건스가 오늘날의 모습으로 변형한 거예요.

스도쿠는 풀이 방법이 하나만 있도록 만드는 것이 원칙이에요. 지나치게 많은 숫자 힌트를 주면 푸는 재미가 줄어들기 때문에 되도록 적은 힌트를 주도록 하지요. 적은 힌트를 주는 게 더 어렵고 훌륭한 문제라고 할 수 있겠지요? 스도쿠는 다음과 같은 규칙이 있어요.

레온하르트 오일러(1707년~1783년)

> 아홉 3×3 칸에 숫자가 1부터 9까지 하나씩만 들어가야 합니다.
> 아홉 가로줄에 숫자가 1부터 9까지 하나씩만 들어가야 합니다.
> 아홉 세로줄에 숫자가 1부터 9까지 하나씩만 들어가야 합니다.

스도쿠를 푸는 방법은 같은 줄에 1에서 9까지의 숫자를 한 번만 넣고, 3×3칸의 작은 네모 속 또한 1에서 9까지의 숫자가 겹치지 않게 들어가도록 해요. 풀이 방법이 반드시 한 가지만 있는 건 아니에요. 그러면 위의 문제를 한 번 풀어 볼까요?

생활 속에 파고든 십이진법

우리 생활 속에서 가장 많이 사용되는 수학은 사칙연산(덧셈, 뺄셈, 곱셈, 나눗셈)이 아닌 기수법이에요. 기수법은 수를 표시하는 방법을 가리키는데 그중에 십진법이 전 세계에서 가장 널리 쓰여요. 0에서 9까지 10개의 숫자로 수를 표시하지요. 십진법을 흔히 사용하는 이유는 사람의 손가락이 10개인 것과 관련이 깊다고 해요. 먼 조상들이 처음 수를 셀 때 손가락셈을 했기 때문이죠.

사람들이 사용하는 기수법에는 십진법만 있는 게 아니에요. 마야 문명 사람들은 이십진법을, 메소포타미아 문명 사람들은 육십진법을 사용했답니다. 수학 규칙 따라 이진법, 오진법, 십이진법, 십육진법 등 다양하게 만들어 사용했어요.

계산의 편리함 덕분에 십이진법은 오래 전부터 십진법과 더불어 흔히 사용되었어요. 자리 수를 바꾸지 않고도 두 개의 수가 더 생기는 점도 편리하고 나누어 떨어지는 수도 훨씬 많기 때문이에요.

예를 들어, 사과 10개는 2명이 5개씩, 또는 5명이 2개씩 나누어 가질 수 있어요. 하지만 3명이나 4명이 사과 10개를 똑같이 나누어 가질 수는 없어요. 그런데 12개라면 어떨까요? 2명이 6개씩 나누어 가질 수 있을 뿐만 아니라 3명이 4개씩, 4명이 3개씩, 6명이 2개씩 골고루 나눠 가질 수 있어요.

사과 10개를 똑같이 나누는 경우

사과 12개를 똑같이 나누는 경우

십진법보다 십이진법이 나눌 수 있는 경우의 수가 훨씬 더 많아요.

십이진법은 이러한 편리함 덕분에 생활 속에서 자주 활용되었어요. 연필 12개를 한 묶음으로 '1다스'라고 해요. 유럽 사람들은 '다스'를 하루는 나타내는 시간 단위로 사용했어요. 하루(24시간)를 '2다스 시간'으로, 1시간을 '5다스 분'으로, 1분은 '5다스 초'로 나타냈어요. 영국 사람들은 길이나 무게 등의 단위에서도 십이진법을 사용했답니다.

12라인	= 1인치	= 약 2.5센티미터
12인치	= 1풋	= 약 30센티미터
12온스	= 1파운드	= 약 340그램

음악에서도 십이진법이 쓰여요. 2박자, 3박자, 4박자, 6박자 등 음표 앞에 붙이는 박자 기호도 십이진법과 관련 있어요. 컴퓨터에 사용되는 키보드 맨 위를 보면 F1키부터 F12키까지 있다는 걸 알 수 있어요.

음악, 4분의 3박자   키보드 특수키 (F1 ~F12)

한편, 십이진법은 「걸리버 여행기」 소설에서도 등장해요. 소인국에 들어간 걸리버는 1728명분의 음식을 받고 소인국을 위한 여러 가지 봉사활동을 하게 돼요. 그런데 걸리버에게 주는 음식이 1000명이나 2000명분 아니라 1728명분이었을까요? 「걸리버 여행기」를 쓴 작가 조너선 스위프트는 아일랜드(영국) 사람이었어요. 당시 영국은 십이진법을 사용하고 있었기 때문에 작가는 '걸리버의 키가 소인국 사람의 12배'라고 썼어요. 사람은 부피가 있으므로, 12×12×12를 계산하여 1728명 분의 음식이 필요하다고 한 거예요.

-감사의 말-

스티븐 호킹(만물 이론), 찰스 자이페(0, 위험한 생각의 역사),
로버트 카플란(0, 숫자의 역사)에게 감사한다.

Ciao, sono Zero
Copyright ⓒ 2015 Luca Novelli
Published by Valentina Edizioni, an imprint of Francesco Brioschi Editore srl
All rights reserved.
No part of this publication may be reproduced, stored in retrieval system, or transmitted in any form or by any means, electronic, mechanical photocopying, recording, or otherwise, without the prior written permission of the Licensor.
Korean Translation Copyright ⓒ 2017 by Max Education(Sangsuri) Co. Ltd.
Published by arrangement with Agenzia Servizi Editoriali,
through BC Agency, Seoul.

이 책의 한국어판 저작권은 BC 에이전시를 통한 저작권자와의 독점 계약으로 (주)맥스교육(상수리)에 있습니다.
신 저작권법에 의해 한국 내에서 보호를 받는 저작물이므로 무단 전재와 무단 복제를 금합니다.

글·그림 | 루카 노벨리
번역 | 이승수

1판 1쇄 인쇄 | 2017년 6월 19일
1판 1쇄 발행 | 2017년 6월 26일

펴낸이 | 신난향
편집위원 | 박영배
펴낸곳 | (주)맥스교육(상수리)
출판등록 | 2011년 08월 17일 (제321-2011-000157호)
주소 | 서울특별시 서초구 논현로 83 삼호물산빌딩 A동 4층
전화 | 02-589-5133(대표전화) 팩스 | 02-589-5088
홈페이지 | www.maksmedia.co.kr 블로그 | blog.naver.com/sangsuri_i

기획·편집 | 이명준
디자인 | 김은주
영업·마케팅 | 김용환 심신
경영지원 | 장주열
인쇄 | 천일문화사
ISBN 979-11-5571-528-4 (74400)
　　　979-11-5571-527-7 (세트)
정가 12,000원

* 이 책의 내용을 일부 또는 전부를 재사용하려면 반드시 (주)맥스교육(상수리)의 동의를 얻어야 합니다.
* 이 책에 사용된 사진은 위키피디아, 셔터스톡에서 얻었습니다.
* 내용 가운데 일부는 상수리출판사 STEAM 연구팀에서 전문가의 도움을 받아 수록하였습니다.
* 이 도서의 국립중앙도서관 출판예정도서목록(CIP)은 서지정보유통지원시스템 홈페이지(http://seoji.nl.go.kr)와 국가자료공동목록시스템(http://www.nl.go.kr/kolisnet)에서 이용하실 수 있습니다. (CIP제어번호 : CIP2017013832)
* 잘못된 책은 구입한 곳에서 바꾸어 드립니다.

어린이제품안전특별법에 의한 제품 표시
제조자명 (주)맥스교육(상수리) \ **제조국** 대한민국 \ **제조년월** 2017년 6월 \ **사용연령** 만 1세 이상 어린이 제품